U0639420

张红妹 ——— 著

磁性课堂

劳动技术课就这样上

核心素养导向的课堂教学丛书

杨四耕主编

华东师范大学出版社

·上海·

图书在版编目（CIP）数据

磁性课堂：劳动技术课就这样上/张红妹著. —上海：华
东师范大学出版社，2021
　（核心素养导向的课堂教学丛书）
　ISBN 978 - 7 - 5760 - 1528 - 7

Ⅰ．①磁…　Ⅱ．①张…　Ⅲ．①劳动课-课堂教学-
教学研究-中小学　Ⅳ．①G633.932

中国版本图书馆 CIP 数据核字（2021）第 049113 号

核心素养导向的课堂教学丛书

磁性课堂：劳动技术课就这样上

丛书主编　杨四耕
著　者　张红妹
责任编辑　刘　佳
项目编辑　林青荻
特约审读　向　颖
责任校对　邱红穗　时东明
装帧设计　卢晓红

出版发行　华东师范大学出版社
社　　址　上海市中山北路 3663 号　邮编 200062
网　　址　www. ecnupress. com. cn
电　　话　021 - 60821666　行政传真 021 - 62572105
客服电话　021 - 62865537　门市（邮购）电话 021 - 62869887
地　　址　上海市中山北路 3663 号华东师范大学校内先锋路口
网　　店　http：//hdsdcbs. tmall. com

印刷者　杭州日报报业集团盛元印务有限公司
开　　本　787×1092　16 开
印　　张　13
字　　数　206 千字
版　　次　2021 年 7 月第 1 版
印　　次　2021 年 7 月第 1 次
书　　号　ISBN 978 - 7 - 5760 - 1528 - 7
定　　价　42.00 元

出版人　王　焰

（如发现本版图书有印订质量问题，请寄回本社客服中心调换或电话 021 - 62865537 联系）

丛书总序

洞见改革

　　回望轰轰烈烈的课堂教学改革，我们依然可以欢呼，仍然可以雀跃，但我们更需要理性的回望和深刻的反思。

　　不是么？我们的课堂教学改革虽然取得了卓著的成效，但也出现了不少观念的误识和实践的误区。我们能否真正面对与合理消解这些问题，将直接影响课堂教学改革的纵深推进。

　　维特根斯坦指出："洞见或透识隐藏于深处的棘手问题是艰难的，因为如果只是把握这一棘手问题的表层，它就会维持原状，仍然得不到解决。因此，必须把它'连根拔起'，使它彻底地暴露出来；这就要求我们开始以一种新的方式来思考。这一变化具有着决定意义，……难以确立的正是这种新的思维方式。一旦新的思维方式得以确立，旧的问题就会消失；实际上人们很难再意识到这些旧的问题。因为这些问题是与我们的表达方式相伴随的，一旦我们用一种新的形式来表达自己的观点，旧的问题就会连同旧的语言外套一起被抛弃。"面对核心素养时代，我们的课堂教学改革有必要确立新的思维方式，并借此洞悉困扰我们的"棘手问题"。

　　改革不是一种风潮，而是一种使命。当下，跟风式改革仍然盛行，如深度学习、项目学习、STEAM……见样学样，不停跟风，显现出一派繁荣景象。不少所谓的教学改革只是在形式上做文章，有教条主义的嫌疑；不少课堂深陷应试泥潭，既不教人文，亦无关精神，甚至连知识也谈不上，而是"扎扎实实"地搞成了教考，把考试当作课堂教学改革的使命。教育改革的真正使命是什么？我们应秉持怎样的立场推进课堂教学改革？2014 年，教育部颁布《关于全面深化课程改革　落实立德树人根本任务的意见》。这份文件指出：立德树人是课程改革的根本任务，核心素养培育是课程改革的核心价值。这便是我们的使命。使命需要执著，执著就是美德。细细品味维特根斯坦的这句话也许会有所助益：

"当一切有意义的科学问题已被回答的时候，人生的诸问题仍然完全未被触及。"课堂教学改革的全部使命便是触及人生问题并给予某种实质性的回答，从而使"立德树人"落到实处。

改革不是一个口号，而是一种立场。层出不穷的口号、花样频出的概念，已然是当下学校变革的常态。不少学校把玩弄概念作为改革，把提口号当成改革，以学定教、先学后教、翻转课堂……热词涌起，名句不断。当我们把改革看成一个概念、一个口号的时候，我们已经远离了改革。改革是一种立场，一种有思考的尝试，一种为着根的事业而不断探索的精神。维特根斯坦说："一种表述只有在生活之流中才有意义。"可以说，如果我们能把自己的立场安放在特定的概念或口号里，秉持有立场的变革，那将是对维特根斯坦的一种慰藉。

改革不是一张蓝图，而是一种责任。加拿大学者迈克尔·富兰说："变革是一项旅程，而不是一张蓝图。"毫无疑问，改革需要蓝图，需要理性设计，但蓝图不是改革本身。奥托·魏宁格有一句令人心动的话："逻辑与伦理在本质上是相同的。它们不是别的，而正是对自我的责任。"改革是一种责任，是一种对未来负责的精神。联合国教科文组织提出了21世纪教育的四大支柱：学会认知、学会做事、学会共处、学会生存。其中，学会认知是步入未来社会的通行证：观察、阅读、倾听、书写、交流、多样化表达、分析、综合、推理……学会做事是适应知识经济时代的必然选择：专注、善于发现问题、善于尝试、目标准确、身体力行、全力以赴、勇于面对现实、直面困难、不惧失败……学会共处是顺应全球化时代的需要：人际感受能力、人际理解力、人际想象力、风度与表达力、合作能力与协调能力、决策能力、沟通能力；懂得尊重、善于理解、换位思考、勇于担当、积极配合；而学会生存则是对做人品质的完善：适应能力、交往能力、管理能力、动手能力、创新能力、竞争能力；促进自我实现、丰富人格特质、担当与责任承诺、接受改变、适应改变、积极改变、引导改变……应该说，这些都是核心素养时代课堂教学改革的责任。

改革不是一场革命，而是一种态度。我们为什么需要改革？是因为有糟糕的现实摆在眼前，我们必须清除它。我们如何改革？通过雷厉风行的方式彻底改革吗？我们知道，对于理想化的东西，改革者很容易接受，并习惯于用理想的丰满来衡量现实的骨感，用理想的光滑来评判现实的粗糙。在理想观照下，现实是一无是处的，是必须摈弃的。正是基于这种认识，改革者很容易接受这样的观点：通过暴风骤雨式的"革命"来实现美好的改革目标。著名教学论专家王策三先生指出：任何教学改革都不是"一蹴而就的，也不是几年、十几年、几十年短期实现的，更不是以'革命'方式达成的"。改革是一种态度，一种持续改变现状的态度，一种朝向美好的态度，一种渐进探索的态度。

改革不是一个事件，而是一项旅程。吉纳·霍尔认为，变革的首要原则是把变革看作"是一个过程，而不是一次事件"。当我们把改革看成是一个事件，这意味着，改革可以在短期内取得成功；如此，改革尚未真正推进，我们便急着推出新的改革。面对一系列的政策性号召与行政命令，一些地方与学校常常是积极参与，往往在短时间内就会涌现出大量的改革成果，不少地方和学校还会举办各种各样的经验交流会。然而，在热闹的背后，却存在着虚假的繁荣：应付改革，鲁莽冒进现象时有发生。改革其实是一项旅程，一项迈向合理性的旅程，一项不断面对问题、思考问题、解决问题的旅程。课堂教学改革无法速成，只能渐进摸索；课堂教学改革也无法一次性完成，它永远在路上。

改革不是一条直线，而是一种智慧。对改革的简单化认识，缺少对改革形态丰富性、过程复杂性的理解，会让改革陷入迷茫。吉纳·霍尔说："变革，不是某位领导发表一次演讲，或在8月份为教师举行两天短期培训，或向学校提供新课程或新技术，就能一蹴而就、获得成功的。相反，变革是一个过程，在这个过程中，个人、组织机构逐渐理解了新事物、新方法，并且在运用它们时愈益熟练和有技巧。"无数经验证明，课堂教学改革是一个逐步推进的过程，而不是一条直线，其中往往包含着复杂性、随机性和偶然性，它需要理性和智慧。对此，迈克尔·富兰说：变革"好比一次有计划的旅程，和一伙叛变的水手在一只漏水的船上，驶进了没有海图的水域"。可见，课堂教学改革不是"种豆得豆、种瓜得瓜"的简单逻辑，而是一个多因子、多变量、多可能的复杂交织过程。没有"直接拿来"的理论与模式可以套用，改革需要我们自己的原创理论和实践智慧。

改革不是一个目的，而是一种创造。把改革作为目的，为改革而改革，这不是我们的应然取向。有人说："未来不是我们要去的地方，而是我们要创造的地方。"课堂教学改革，可以是突破陈规、大胆探索的思想观念，也可以是自强不息、锐意进取的精神状态，还可以是奋勇争先、不甘落后的使命感。华罗庚说："如果没有独创精神，不去探索更新的途径，只是跟着别人的脚印走路，也总会落伍别人一步；要想赶过别人，非有独创精力不可。"我们今天创造怎样的课堂，就意味着我们在培育怎样的未来。当我们创造知识型课堂的时候，我们就是在塑造复制与服从的未来；当我们创造素养型课堂的时候，我们就是在选择美好与灿烂的生活。教育的价值在于生命意义的提升，在于学习价值的锤炼，而不在于知识的牢固掌握和大量累积。雨果说："已经创造出来的东西比起有待创造的东西来说，是微不足道的。"的确，有待创造的东西只能靠学生在生命化实践和实际生活中去创造。因此，在某种意义上，改革不是一个固定目标，而是一个创造，一个基于实验的生命创造和素养提升过程。

改革不是一种形式，而是一种深度。虽然改革之声不断，但我们的课堂教学改革总体上并无实质性进展，"素质教育轰轰烈烈，应试教育扎扎实实"仍然是中小学课堂教学的主流表现。围绕着教材，问题学习、项目学习、单元教学、作业设计、听评课……都被冠以改革之名。联合国教科文组织在《学会生存》这一报告中曾警告说："教育具有开发创造精神和窒息创造精神这样双重的力量。"大量事实表明，以反复操练为表征的知识教育严重地窒息着年轻一代的创造精神，阻碍着社会进步。教育的核心价值不应该只是盯着知识，而应在于培养有智慧的人。唯有培养有智慧的人，我们才能足以应对不断变化的社会。二百多年前，德国就有如此教育宣言："教育的目的，不是培养人们适应传统的世界，不是着眼于实用性的知识和技能，而要去唤醒学生的力量，培养他们自我学习的主动性、抽象的归纳力和理解力，以便使他们在目前无法预料的种种未来局势中，自我做出有意义的选择。"当前，课堂教学改革最重要的一步，就是要从知识至上的泥潭中跳出来，义无反顾地迈向关注生长的素养时代。

总之，改革不是自负的概念翻新与宣示，而是崭新观念的建构与实践。面对核心素养时代，我们应少些"看客"，多些"创客"，不断洞悉隐藏于深处的棘手问题，在不断追问中创造属于我们自己的精神世界。这或许就是"核心素养导向的课堂教学丛书"之初衷。

杨四耕

2019 年 6 月 9 日于上海市教育科学研究院

目录

第一章　磁性课堂的旨趣　/ 1

　　劳动技术课具有特殊性，融知识与技能、操作与实践、合作与探究为一体，要学生动手动脑、手脑并用完成劳动的体验和技术的学习。由于学生劳动意识淡薄、动手能力弱，我们的教学目标要以学生为本，教学内容要吸引学生，让课堂生动活泼，充满趣味和挑战性，这样劳动技术课便像磁铁一样吸引住学生。

第二章 磁性课堂的姿态 / 21

如果劳动技术课依照教材照本宣科，这课势必会像自来水煮白菜一样淡而无味、清而无趣。要想让学生品味到油、盐、酱、醋，甚至有点辣、有点酸，那就在课堂中添加一定的佐料，让教学内容丰富起来，让课堂充满新奇、生机和趣味，让抽象、枯燥的劳技知识鲜活起来，让单调、乏味的技能灵动起来。这就是磁性课堂的姿态！

第三章 磁性课堂的气质 / 77

课堂教学与人的外表一样，需要独特的气质，才能吸引学生的注意力！我们可以根据课程特点、教学内容、年级学段选择合适的教学模式和教学策略，借助多媒体、信息技术等辅助教学，让学生对劳技学习充满新奇、充满期待。教师巧妙地提问、创设不同的学习任务，使学生的思维发生碰撞，使学习充满生气和活力。

第四章　磁性课堂的智慧　/ 107

杜威说："改进教学方法唯一的直接的途径，就是把学生置于必须思考、促进思考和考验思考的情境之中。"课堂教学不但要有好的资源、有趣的学习过程，且每一堂好课的每一个环节都是动态生成的，我们不能死守预先制定的教学方法和步骤，应尽量忘掉课堂之形，使教学过程经得起琢磨，处处蕴含张力和智慧。

第五章　磁性课堂的主角　/ 145

我们的学生是有血有肉有感情的人。课堂教学应让学生成为主角，让他们的学习情绪高涨，全身心地参与到课堂教学、学习活动中，积极思考和回答问题，达到乐于劳动、喜欢劳动的境界。课堂教学应该让每一个学生敢于质疑、善于质疑，在不断挑战的同时，感受到劳动之美和创新之乐，从而以更高的热情参与学习和实践。

第六章　磁性课堂的魅力　/ 169

为学生营造宽松愉悦的学习环境，善于鼓励和表扬学生的进步和闪光点，随时关注学生的情感体验和情绪状态，呈现丰富的内容和精彩的细节，把更多的时间还给学生，把更多的表现机会还给学生，让学生成为课堂的主人，让学生在探索中享受成功，是磁性课堂的魅力所在。

序

2020年7月15日，教育部印发《大中小学劳动教育指导纲要（试行）》（以下简称《纲要》），要求在大中小学设立劳动教育必修课程，并将劳动素养纳入学生综合素质评价体系。《纲要》的颁布，可见国家对劳动教育的重视。二期课改以来，劳技课的确很受学生的欢迎。可是，由于学生动手能力比较弱、课程知识受到限制等因素，劳技就成了学生嘴上说喜欢、行动并不积极投入的课程。

张老师是一名专职劳技教师，她在教学实践中看到很多学生不会劳动，不爱劳动，甚至还厌恶劳动，她便思考怎样破解这种局面，怎样把劳技课上得有吸引力、感染力，触动学生的心灵，激发学生动手劳动、操作实践的欲望，从而喜欢上劳技课。她在实践中形成了她的教学主张：打造"磁性课堂"，让课堂充满趣味，牢牢地吸引住学生。为了打造"磁性课堂"，她选择充电学习，让自己有"真东西"，还能把"真东西"教给学生。她善于构建学生为主体教师为主导的关系，灵活运用教学方法，通过整合课程资源，在教学环节设置悬念，使知识有新意、技能有一定难度、探究有深度、拓展有广度，从而让课堂充满智慧、趣味、新奇，让课堂生活化！

张老师从事了二十多年的劳技教学，通过摸索、总结经验，把培养学生的劳动习惯、创新思维当做首要任务，让劳技课充满朝气、灵气和生气，做到"目中有学生、心中有教材、教中有情境、课中有智慧"，逐步形成了"趣、活、新、实"的教学风格。张老师的课，教学内容不拘泥于教材，教学手段灵活，学习方式多样。她以创设生活化情境为导向，以发展学生个性为目标，做到与课改同成长，引发学生的批判性思维和创新意识，形成了"分层、合作、探究、建构"的劳技教学特色，将学生的劳技学习引向"深度学习"。张老师的磁性课堂，让学生在参加学习之前、之中、之后都能保持对劳动和技术的热度，并能持续地关注技术。她让每一个来参加劳技学习的学生都能劳有所获、劳有所得、劳有所乐，让每一个学生获得学习的成功。

吴强

（上海市劳技特级教师、正高级教师）

2020.07.24

第一章

磁性课堂的旨趣

劳动技术课具有特殊性，融知识与技能、操作与实践、合作与探究为一体，要学生动手动脑、手脑并用完成劳动的体验和技术的学习。由于学生劳动意识淡薄、动手能力弱，我们的教学目标要以学生为本，教学内容要吸引学生，让课堂生动活泼，充满趣味和挑战性，这样劳动技术课便像磁铁一样吸引住学生。

第一节　构建生活化的电工课堂

电工源于生活，又用于生活。我们的生活离不开电，我们该如何为学生构建一个生活化的劳技课堂呢？《上海市中小学劳动技术课程标准（试行稿）》十分强调电工与现实生活的联系，要求"劳动技术教育关注学生日常生活和周围环境中的技术问题"①。我们在教学中，不仅要在选材上密切联系学生的生活实际，而且要从学生熟悉的生活情景和感兴趣的事物出发，为他们提供观察和操作的机会，让学生从周围熟悉的事物中学习电工，体会到电工就在身边，感受到电工的趣味和作用，体验到电工的魅力。因此，劳技课堂应该改变传统的教学模式，努力为学生创造更广阔的学习空间，引导学生感悟、积累和运用技术，在自主、合作和探索中发展能力。电工教学要改变把知识"一讲到底"，技能训练"模仿到底"的模式，应遵循源于生活、寓于生活、用于生活的理念。通过教学活动，实现电工教学的应用价值，让学生学习有用的、活生生的电工，在生活化的课堂中快乐学习。

一、 学习环境生活化

我们的学生来自中小学，他们第一次来到电工班，布置一个富有电工情趣的环境对学生的学习是非常有帮助的。我根据电工课程特点对教室进行适当的布置，为学生营造浓厚的生活化的学习氛围。教室门口挂上介绍电工课程的宣传栏：

劳技电工是集电工、电子为一体的课程，结合学生生活实际，让学生了解电工、电子方面的知识、技能，引领学生树立爱劳动、爱科学、爱技术的理念。主要学习内容：

---

① 上海市教育委员会.上海市中小学劳动技术课程标准(试行稿)［M］.上海：上海教育出版社，2005：26.

1. 电工：安全用电；插头、插座的安装；简单照明电路的设计和安装；会用万用表检测元器件的好坏、电路的通断情况。

2. 电子：焊接技术；了解四种电子元件的单位、符号、分类、作用、特性等；完成一个电子光控小作品。

学生进入教室，后面的橱窗展示着常用的电工工具、技能和作品的图片，特别是架子上的一块块电工板，上面有学生熟悉的开关、灯座、插座、插头，使学生置身于一个富有生活化的电工环境中，学生更感受到电工的气息，促发他们想学、想做的欲望，提高了学习兴趣。

二、 学习内容生活化

我在教学实践中发现，当学习内容与学生熟悉的生活背景越接近，学生自觉接纳知识的程度就越高。我们的生活离不开电，各种各样的用电器进入家庭，到处存在着电工的"身影"，我就结合课堂教学内容，从学生熟悉的生活背景引入新知，让学生感受到电工无处不在，学些电工知识显得非常有必要。我们使用的教材是自己编写的校本课程，知识和技能都是结合实际来源于生活，但对学生来说离生活还是有一定的距离。在教学中，我利用多种教学手段来缩短这种距离，从而实现教学内容的生活化。

在电工教学中，我注重在现实世界和身边寻找、搜寻案例，让电工贴近生活，感受到电工与我们的生活同在。如"安全用电"一课的学习，培养学生安全用电的意识和增强生命意识。我就通过大量的真实案例来唤起学生注意力：2007年5月21日，某省一女生课间休息时，在电脑房玩游戏，触电身亡。再如2006年度，在哈尔滨市行政区域内，共发生触电生产死亡事故13起，死亡13人，占全年事故起数的14.94％，占全年死亡人数的13.83％。① 2008年11月14日6时10分许，上海商学院一女生宿舍违规使用"热得快"发生火灾， 4名大学生

---

① 刘海涛.触电生产死亡事故的原因分析和对策研究[J].水利科技与经济,2007(11):822—823.

慌不择路从 6 楼跳下,当场身亡。公安部消防局通报 2010 年 1 月—10 月全国火灾统计,全国共发生火灾 11 万起,死亡 1 123 人。从引发火灾的直接原因看,电气引起火灾最多,共 33 385 起,占总数的 30.3%。[1]

这些案例都是发生在最近几年的,当学生看到,都自然想到怎样避免? 自己万一碰上该如何应对? 整节课紧紧围绕学生的想法,先解答人触电的原因和安全用电原则、措施,再寻找身边不安全用电现象,怎样纠正,万一遇到怎样应对?

我再列出一案例请学生探讨,2010 年,一电工人员进入变电站对线路进行测试,右手高抬接近高压柜上方 10 千伏电线时发生放电,致使其右手被电弧严重烧伤。2005 年春节,松江区江中小区三楼一户居民,由于电视机超过使用期限,老化了。全家在看电视时,电视机突然冒烟起火,火势发展快,导致家里所有设施全部烧毁,损失 20 多万元。2007 年 7 月,松江区新桥一户外来打工人员,由于长时间使用电风扇,机器过热引发了火灾,造成了全家 7 人全部烧死。通过这三个发生在身边的案例探讨,使学生知道安全用电的重要性,增强了生命意识,比老师苦口婆心说教的效果要好得多。

电工知识和技能应加以演练才会得到进一步的巩固,如果能在具体的生活情境中加以演练,能起到事半功倍的效果。由于受到材料使用的限制,我校电工课程要求学生学习安装好的插座、插头、两个照明电路都要拆除,这会影响学生的学习兴趣,觉得辛苦劳动所得的成果被拆除,似在浪费他们的时间,且也加重技能训练的枯燥。我就改变教学常规,用一块电工板来完成技能演练。例如学习插座,首先问学生:"如果家里常使用的插座坏了,怎么办?"引入对插座知识和安装方法的学习。我称呼学生为"小电工",转变学生的角色,再请他们对电工板上的插座进行维修或更换,并看哪位"小电工"技术过硬。他们真的像电工师傅一样,兴致高昂地进行安装,演练后也能兴致勃勃地拆除。让学生的学习置身于生活化的情境中,学生就摆脱了被动学习的无趣,感觉到自己真的是一名小电工。技能演练提高了学习的真实性,让学生感受到电工富有挑战和趣味,更体会到电工就在身边。但因初中电工安装插座、插头、照明电

---

① 钱小丽.浅析农村常见触电事故原因[J].现代农村科技,2010(16):78.

路等都属于实践性操作，必须告诫学生，虽然学会了这些技能，但回到家不允许拆卸和安装。因为我们没有电工操作证书、职业技能证书等，不具备这个资格。

电工是中学生的必修课，但对初二刚接触物理的学生来说，知识多而深奥、技能难而陌生，我就根据教学内容制作了相应的课件，对教学活动进行创造性设计，使电工知识贴近学生的生活，激发学生的学习兴趣，还能提高电工课堂教学效果。例如，照明电路中对"照明发展史"的介绍，我收集了大量的图片和视频，从第一次照明革命火把→第二次照明革命白炽灯的诞生，再有家里常用的荧光灯、节能灯→第三次照明革命奥运会和世博会场馆使用的 LED 灯，我把这些学生生活中常见的丰富多彩的集图、文、声于一体的教学信息一一展示给学生，他们能快速顺利地了解照明的发展历程。再如，"两只双连开关控制一盏灯的设计与安装"，我自制了"一灯一开关在卧室使用"的动画，一个学生在门口开灯进入房间，可他要休息了再跑到门口去关灯，模拟了生活场景，学生马上反映这样的电路太不方便了，应该在床头加装一个开关，因为两个开关控制一盏或几盏灯的电路是学生家庭中最常用的电路。借助课件引发学生去思考、设计，也知道了这个电路的价值。

三、 电工作业生活化

在劳技电工课程学习中，适当布置一些回家作业对学生来说是非常意外和感兴趣的，因为我的作业并非一定是考学生，而是请学生做老师去考父母，他们的角色是电工卫士、电工师傅。在电的发展史中，学生了解到电池的发明者是 18 世纪后期的意大利物理学家伏达；第一台摩擦起电机由德国马德堡的盖利克发明； 19 世纪，英国物理学家法拉第制出了第一台利用电磁感应的交流电发电机。我要学生回家考父母，如果父母不知道，我建议学生做父母的老师，再告诉父母答案。第二天汇报"战果"，因为这三个问题有点难度，大部分家长都没有回答出来。有个学生说他不但做了父母的老师，还罚了爸爸扫地、妈妈洗碗。这样的活动使家长了解了电工，也使电工富有生活化的情趣。学生学了安全用电后，他成为一名电工小卫士去检查家里有没有老化的用电器，父母和身边的人有没有不安全用电的行为和现象，他怎样去制止、纠正，周五汇报交流，最后有集体评选出"最佳电工小卫士"。这些活动都能很好地调动学生学习电工的积极性和聪明才智，最后，还能把所学到的知识运用到生活中。

总之，我在电工教学中，让学生领悟到电工源于生活，又用于生活，有很强的应用价值。所以，让学生接触生活实际，紧密联系学生的生活实际，在现实世界中寻找电工题材，让教学贴近生活，让学生在生活中看到电工的存在，知道电工的价值所在，从而使劳技电工生活化，学生不再觉得电工高深莫测、高不可及，不再觉得枯燥和乏味。

第二节　　挖掘电工课程的育人功能

信息化社会对学生的思想道德建设提出了新课题，价值多元化背景下学生的核心价值观形成面临着新的挑战，这需要中小学德育工作者顺应时代的变化，深入挖掘学科的德育资源，更加关注育人，更加强调学生的全面发展，倡导爱国、敬业、诚信和友善教育。

从事劳技教学以来，由于课程的特殊性，一周为一个循环，一个学期相同的内容可重复上十多次，让我感觉我的课堂就像一个车间，学生就像流水线上成批量生产的螺丝，只是大小、长短、材料、形状不一而已，因为每周的教学内容、教学目标几乎相同。教学内容严格按照校本教材；教学目标是争取每个学生达到合格以上。可就在这周而复始的教学中，学生在学习过程中暴露出来的冷漠、自私、缺乏诚信和担当等问题越来越让我感到揪心与不安。

电工班的学生，大部分因传统思想"我是男生，应该学电工"，或由班主任安排的，若想在短短的一周里把他们都培养成"好学的电工者"是很不现实的，因此我认为发挥电工课程的育人功能，让学生在学习中明白一些基本的做人道理远比学会一个技能重要。我作为一名劳技电工教师，虽然不是班主任，与学生的接触也只有一周，我的课程能给学生哪些做人的信息，让他们得到什么启发，甚至是终身受益的，一直是我研究的目标。下面我就用案例来阐述我在劳技电工教学中实施的育人事例。

一、　迁回战术触动恻隐之心

周一上午第三节课的教学内容是《安全用电》，其中有触电的三种形式：单线触电、双线触电、高压触电，为了让学生明白安全用电的重要性，我引用了大量的触电和电气火警实例，其中有一个发生在 2007 年 6 月湖南省农村的惨烈事故：天下着倾盆大雨，由于风较大，一根高压电线掉落在地上。可这时，一个小女孩撑着雨伞放学回家，在离家百米处突然倒下，她妈妈看到飞奔过去，一把拉起小女孩，可随即也莫名倒下。小女孩的爸爸看到她们母女倒在地上，没多想，又茫然冲出去救援，导致一家三口全部触电身亡。①

我说这个故事的语气相当低沉和压抑，可底下却传来笑声，三三两两说着"真傻啊！""老师，那她的爷爷奶奶呢，也跑出去触电死了吗？""邻居呢，也跑出来了吗？""放学回家不会是她一个人，应该还有她的同学，老师，死了几个？"

还有发生在上海某学校四名女生由于违规使用"热得快"导致火灾，在烈火炙烤下选择跳楼逃生结果身亡。诸如此类的事故，学生听后的反应都是嘻嘻哈哈，丝毫不见悲伤、惋惜、同情之情。

每次见学生如此反应，我都质问自己：我们的学生恻隐之心到哪里去了？时代的变迁、进步，而恻隐之心、怜悯之心居然丧失了吗？况且是初中一、二年级的学生啊！

坐在我教室里的学生面对如此悲惨的事故竟然无动于衷，我该怎样引导来触动他们"人之初，性本善"呢？

如果我批评："你们怎么这么冷漠？怎么没有一点恻隐之心？"学生肯定会反感；如果我讲大道理，他们也不会认同。面对如此不幸的事，怎样才激起学生的恻隐之心，我选择了"迂回战术"。

我试着让学生们将这起事故代入自己的生活，他们开始有所感触。

老师："可刚才，我们听到一个悲惨的触电事故时，好多同学为何笑了呢？"

学生："老师，这三个人，我们又不认识，感觉他们太傻了，所以笑的。"

老师："面对不认识的人发生意外、遭遇不幸，老师要大家悲痛欲绝有点勉为其难，但我们是否应该同情他们呢？"

学生认可了，点着头。

老师："人之初，性本善，老师相信大家刚才的笑是无心之过，因为恻隐之心是我们人皆有之的，这是一个人的底线，我们要懂，更要守住！"

---

① 李茂刚. 意外触电的紧急救助[J]. 湖南农机，2011(06)：27—28.

二、 体验战术懂得谦让之心

周三下午的教学内容是电子元器件电阻、电容的相关知识和焊接，第一、第二节课认识它们的外形，了解它们的符号、单位、种类、特性，并用万用表检测它们的好坏。第三节课，将这些元件焊接到印刷电路板上。

老师："同学们，使用电烙铁之前先要检测它的好坏，通电三分到五分钟预热，大家使用一定不能争抢和相互催促，注意安全！"

学生根据元件符号插件及检查，教师巡视、指导。二十分钟后，学生间的焊接进度出现了差异。

学生一："你快点呀，人家都已经焊好了，我还只焊了两个。"

学生二："你催什么催呀，我还没焊好！"

学生一："你这么慢腾腾的，焊到何时呀，把电烙铁给我！"

学生二："叫什么叫，电烙铁又不是你的！"

……

两个人你一句我一句争论不休，最后竟然动手抢电烙铁。

我马上制止了他们的争抢，并请全班同学停下焊接，看节目。学生一听要看节目，都疑惑地放下手里的操作。这就是我采用的"体验战术"。

我拍手示意，请一学生上讲台。我先请他在展台上焊接，他的操作在屏幕上展示。我故意在旁边催："快点，别磨蹭！"然后急促地催："快点快点！怎么那么慢？"结果学生的手开始抖动，以至于无法焊接。座位上的同学都大笑起来。

我请他停下来，静静心，再握住他拿电烙铁的手，和蔼地说："不必着急，你焊吧，这是个熟能生巧的活，焊多了，速度自然也快了！"结果他的手不似刚才那样抖动，顺利完成一个焊点。同学们聚精会神地看着这个过程，似乎明白了一点。

老师："同是焊接，为什么这位同学有不同的表现？"

学生："第一次，老师在旁边催，第二次没有呀！"

学生："我们在干活时，有人催、指责会影响我们的工作。"

老师："我们每个人做事的能力、速度是不一样的，如果你动作比较慢，希望同桌怎样对待你？"

学生："不要催、不要骂。"

学生："希望他耐心地等等我。"

学生："不要嘲笑我，谦让一点。"

老师："这也是老师的心声！人无完人，我们在一起学习技能，或许这次你做得又快又好，下一次可能是我，懂得谦让的人，才会学到真本领。"

在后面的学习中，我有意安排了好多合作的机会，如检测元件好坏，一位同学用工具检测，一位做记录；制作作品，语言集成块上 5 根金属导线的焊接，一位同学用尖嘴钳固定导线，一位焊接；作品的组装，两个人一起讨论电池、印刷电路板、喇叭的位置等。学生合作得非常好，使用工具会谦让，技能操作会互帮互助。

三、 矛盾战术点燃诚信之心

周一下午第二节课，学生要完成的技能是软芯导线的绞接，这个技能的操作步骤是：①剥制 4—5 厘米的铜芯线；②将两根导线的铜芯线距离绝缘层 1 厘米的地方交叉；③两端铜芯线垂直绕 5 圈以上。这个技能的难点有两处： ①怎样交叉，②垂直绕而不是"8"字绕。我将铜芯线弯折再交叉使之钩住和垂直绕的步骤拍成了录像，还在展台下示范和抽取学生演练。可要每位学生都高质量地完成，似乎有难度。十分钟操作后，陆陆续续有学生来评分，如有不达标的，特别是交叉错误的，我将其随手一拉，芯线便轻易分离。询问原因，并再次示范交叉方法，要求学生重做。当然也有好多学生完成得相当好，没有毛刺， 5 圈垂直绕非常均匀，我会及时表扬和展示。

几分钟后，重做的学生上来评分，但是相当一部分学生不愿重做，慢慢腾腾地磨蹭时间，过一会直接拿着别人的导线来评分。起初，我是直接提出批评，铁面无私地戳穿他们这种不诚实的行为，并在文明分栏扣除相应分数。可次数多了，我发现这样的教育达不到警示作用，无法杜绝后三天用别人的技能来评分的现象。所以，我改变方法，一般不点穿，也不直接批评，更不质问，而是采用矛盾战术。

导线的绞接技能满分是 3 分，我对高质量完成的技能进行表扬与展示，但先不给满分，扣下 0.5 作为预防。当重做学生拿着他的技能来评分时，我给予 3 分——满分。不一会，他们自己内部在悄悄议论了。终于有学生忍不住了……

学生 A："老师，他拿的是我的导线，为何我们分数不一样？"

学生 B 愤愤不平地说："对呀，为何他的分数比我高？老师，你是否弄错了？"

我笑着回答："老师弄错了吗？想想，到底是谁错了？"

我请大家讨论：拿别人的技能来评分到底可不可以？我们应该给他们多少分才算公平合理？大家你一句我一句地说开了，得出统一意见：给别人评分的同学不能得 3 分，要扣除包庇作弊的分数；用别人技能评分的同学，3 分取消重做，文明分扣 2 分，以示警诫；所有技能都应自己完成，不能盗取他人劳动果实。

诚信教育不能采取单一的说教形式，抓住细小的、发生在学生身上的事展开，才能取得良好的效果，且效果比较持久。这样的讨论虽然要费些时间，但一个小小的技能就能体现人的诚实品质，对学生的触动较大，在后三天多的技能作品评分中就杜绝了拿别人技能来评分的现象。

四、 宽容战术提升担当之心

周五上午电工学习的尾声阶段，其中一项内容是对工具箱工具、材料的清点工作。电工工具种类较多，学生在学习过程极易相互调剂使用，出现有的工具箱工具缺失，有的工具箱工具甚多，还出现工具遗失或损坏。我在 PPT 上放映电工工具及数量，要求各组组员自己检查整理，发现缺失，先在前后组内查找，若实在找不到，向老师说明情况，登记在册，无意丢失的到学校财务室照价赔偿。等学生自己清点整理好，必须由老师再次核对才能放入柜子。可查出缺工具了，学生往往向我说的是这样的理由：

学生："老师，我们缺一把十字螺丝刀，周一发工具箱时，里面就没有！"

学生："老师，我们缺斜口钳，本来就没有，我们没有丢失。"

学生："老师，我们本来就没有剪刀，不信你问他！"

学生："老师，我们的螺丝刀是我同学来玩时拿走的，不关我事！"

……

我说："同学们，上周的学生学习结束，老师也是这样检查核对的，你们说会不会有这么多组的工具箱缺工具呢？"

稀稀拉拉的低语："有！"

工具箱的工具是每周检查、核对好的，到周五回收总会缺这缺那，而好多学生会矢口否认自己弄坏、丢失，往往把原因归咎为以上种种。究其原因，学生是缺乏担当之心，我便采用"宽容战术"，达到教育目的远比要他们赔偿重要。

老师："同学们，在照明电路安装中，我们用了哪些工具？"

学生："一字螺丝刀、十字螺丝刀、剥线钳、剪刀。"

老师："对呀，这些工具是必不可少的，可在操作过程中，没有一组同学因缺少工具而没有完成技能呀！"

教室里鸦雀无声。

老师："我们从小到大吃饭用碗，有没有打碎过？"

学生："我打碎过。""我也打碎过。"

老师："打碎了碗，爸爸妈妈骂你们了吗？"

学生笑了："怎么会呢！"

老师："对呀，因为你们不是故意打碎的，爸爸妈妈怎么会骂你们呢！老师也一样，所有工具都有一定的寿命，使用一定时间后也会坏。"

老师："那我们丢过东西吗？"

学生："我丢过钱""我丢过衣服"……

老师："爸爸妈妈骂了吗？"

学生："看情况，不太贵重的、旧的不会骂，新的、贵的会骂。"

老师："老师也与你爸爸妈妈一样，看情况而定，若你不是故意损坏、丢弃，老师不会要求你赔偿，但要向老师说明情况，要勇于担当，不管你是有意还是无意，都不能随意找些理由推卸责任。"

接着，学生自觉地整理、清点工具，遗失、损坏的到我这说明情况，我拿出储备箱的工具将其一一补上。

待学习结束工作完成，我"好奇"地说："同学们，劳技电工学习即将结束，我们一起度过了愉快的一周，老师体验到了同学们的学习热情，感悟到了大家对电工从一无所知、害怕到喜欢、投入的过程。你们说算不算劳技电工毕业了呢？"

学生们兴奋地说："当然，我们成功毕业了！"

我宛然一笑："那就请同学们齐唱《毕业歌》，好不好？"

学生异口同声地哼起了歌曲，从歌声里我听到学生们身上散发着的正能量，我想他们已明白担当的涵义了。

笔者以为，现在的孩子缺乏恻隐之心、谦让之心、诚信之心、担当之心，究其原因是如今的教育不再是"望子成人"，家长是"望子成龙、望女成凤"，也就是成材、成器；各科教师恨不得把学生培养成文学家、数学家、物理学家等，以此来要求我们的学生，根本忽略了孩子的内心世界，对他们的喜怒哀乐可以不闻不问，他们的兴趣、爱好、烦恼、追求无人问津。

记得一位作家曾告诫我们的家长、教师说，培养孩子应关注他们要成长为一个"真正的人"，而"龙、凤"是兽，"器"是工具，"材"是木头，兽、工具、木头都是没有人性的。我虽然是一名劳技电工教师，但我看到了应试教育下对孩子心灵、良知、人性方面教育的缺失，愿我的努力能对学生的成长有一点帮助，愿更多的教师转变教育观念，挖掘学科的育人功能，使我们的学生能成为一个有善心、懂谦让、讲诚信、能担当的人。

第三节　基于深度学习的电工教学

　　20 世纪 80 年代末，上海率先将劳动技术纳入基础教育，成为中小学生的必修课。一期课改期间，为了解决劳技教师师资不足、教学设备紧缺等问题，上海各区县纷纷成立了劳技中心，为城区初、高中学生提供劳技教学服务。二期课改后，劳技课程体系趋于完善，学科在实践性、综合性、创造性等方面加大改革，课程在社会、基层学校、家长中的影响力也越来越大。但是，由于劳技是一门未列入中考高考的学科，劳技教师基本以转岗或兼职为主，而学生把来劳技中心基本作为紧张学习中的一种休憩，大致是：来中心前，很向往；来到中心后，以合格为目标，不是特别在意学什么、学得怎样；学完离开后，认为劳动已结束，以后不需要劳动了，也不用关注技术了。

　　2018 年的教师节，劳动教育又纳入了整个教育体系中，成为人才培养的重要部分。但劳动教育曾经被低估，导致社会、家长、教师对劳动的轻视，部分学生连最简单的劳动都不会，更不要说热爱了。其次，由于我区劳技学习是集中授课制，学生一旦离开中心，基层学校不再设劳技课，劳动可能成了走过场。要维持学生的劳动热情和兴趣，提高学生的劳动能力，让学生养成爱劳动的习惯，树立劳动光荣、懒惰可耻的思想，应该将劳动贯穿于学生的整个学习、生活中。笔者认为在劳技周，要最大限度地引发学生的深度学习，让学生在参加劳技学习之前、之中、之后都能保持对劳动和技术的热度，从而引发他们持续关注技术、坚持劳动的兴趣。

　　2005 年，我国学者黎加厚教授首次引入"深度学习"的概念，他在《促进学生深度学习》一文中介绍了国外深度学习的研究成果，同时还探讨了深度学习的本质。黎教授根据布鲁姆的教学目标，将国内教学目标分成六大层次：识记、理解、应用、分析、综合和评价。浅层学习停留在"识记、理解"层，"应用"过渡层，深度学习体现在后面的"分析、综合和评价"，即在理解的基础上，学生能批判性地学习新知识，并将其融入认知结构中，能在众多的思想间进行联系，能将已有的知识迁移到新的情境中，并作出决策和解决问题的学习。① 可见，深度学习与浅层学习是相对应的，深度的学习过程能引起学生的高级思维和认知，还能对所学知识和技能达到理解和迁移，最终培养学生的批判性思维和创新意识。

在电工教学中，要学生进入"深度学习"，教学内容不能局限于书本知识，教学目标应注重培养学生的创造能力。通过深度学习，让学生超越知识技能的表面，学习知识、技能背后的原理、方法、应用、价值和意义，将符号式的学习上升为有意识的学习，目的是让学生产生课后再去深入学习、探究、设计的欲望和动力。

一、 调整教学目标，引发持续性学习

我们劳技学科在对知识和技能目标上有三个层次的要求，简称三级目标，从内涵看， A、B 均属于低阶思维中的"识记和理解"，是电工课程中基础性知识和技能，目标 C 将所学的电工知识和技能加以运用或应用，是低阶思维向高阶思维过渡的阶段。在以往的教学中，涉及 C 就止步不前了。而对于深度学习来说，这只是个开始。知识与技能类三级目标详见表 1-1。

表 1-1　知识与技能类三级目标

知识类目标			技能类目标		
知道或了解（A）	理解（B）	运用（C）	初步学会（A）	学会（B）	应用（C）
了解相关的技术知识，识别技术符号、图样、工具、设备、材料	正确把握相关的技术知识，能用自己的语言叙述技术知识的内涵，并指导实践操作	将所学的知识应用到新的情景中，解决简单的技术问题	能参照图样、文字、示范、技术要求等信息，逐步完成操作	按照设计图纸，独立完成操作，达到规定的技术要求	能根据任务情景,独立设计方案并能较熟练地完成作品制作的任务

在电工教学中，我除了让学生的思维达到识记、理解、应用外，更多地引导学生参与对知识、技能、技术的综合分析、合理评价。在提供资料和材料的

---

① 何玲,黎加厚.促进学生深度学习[J].现代教学,2005(5)：28—29.

基础上，鼓励学生设计电路、改进作品。首先，我对知识技能目标作了相应的调整，在知道或了解、初步学会的基础上，分析它们的原理、特性或价值，让学生知其所以然，并对知识技能产生兴趣，引发课后持续的关注。如《安全用电》一课中"7 条预防措施"，课程标准中的目标达成度是"知道"。① 而现代家庭生活、学习都离不开电，单"知道预防措施"是远远不够的，且在实际生活中不安全用电行为也远不止 7 条。我就对教学目标进行调整，要求学生在知道这些预防措施的基础上，分析为何要这么预防，预防不到位，会引发什么后果，评价每条预防措施的有效性和时效性。再布置任务，以小组为单位查找家庭、身边不规范用电的人和他们的行为，分析讨论如何预防、制止。学生在对家用电器进行安全隐患排查时，发现有人使用手机边追剧边充电；有人看好电视、用好电脑后不切断电源，使电器处于待机状态；有家庭使用的电器已超过使用年限等等。排查之后，学生分析存在的隐患，制定相应措施。将预防措施进行分析、评价和增补，养成安全用电的习惯，引发他们持续地关注生活中存在的不安全用电现象，当看到有不安全用电的人或现象时，能敢于劝阻、制止。

二、 整合学习内容，点燃批判性思维

初中电工由电工技术和电子技术两大部分组成，电工技术由安全用电、电工器材与工具、家用电器的使用、家用照明电路的设计制作组成，电子技术由电子器件基本知识与技能、简单放大电路、控制电路应用组成。目前，家庭常用电器，纯电工电器已很少。我将其内容进行有效整合，让学生领悟技术的进步离不开科技人员的研发，唯有不断地对技术进行质疑、改进和创新，才能推动技术的发展。如家庭照明电路有一控一灯或多灯、两控一灯或多灯、三控及三控以上一灯或多灯，电光源从钨丝灯、荧光灯、节能灯到如今的 LED 灯，控制方式除了普通的开关控制，还有声控、光控等，照明电路的种类、电光源、

---

① 贺明菊.上海市初中劳动技术学科教学基本要求[M].上海：上海科技教育出版社,2018：81—82.

控制方式都有了巨大变化，可谓电工中有电子、电子中有电工。照明电路中的电光源，教材使用的还是钨丝灯，可如今的孩子基本已不认识它了，所以要在原来的内容上整合新知识、新技术，点燃学生的批判性思维。我用电工板演示一盏 60 瓦钨丝灯的照明电路，拨动开光，耀眼的光让学生很快就提出意见：老师，这种灯，我们家里早就不用了，你干嘛还用？我根据学生的质疑提出问题：钨丝灯为什么被淘汰？取代它的是哪些电光源？为什么？学生在讨论中得出结论：因为钨丝灯耗电量大，且产生大量的热能；取代钨丝灯的是荧光灯、节能灯和 LED 灯。我再引发学生思考：有多少种电光源？各有什么优缺点？有不用电的光源吗？学生对不用电的照明特别感兴趣，一致回答"没有"。我在讲台上点燃一盏酒精灯、在电工板上演示 40 瓦钨丝灯、11 瓦节能灯、3 瓦 LED 灯照明电路，让学生观察、思考、分析照明的发展史，从火把照明到使用电来照明，从电工钨丝灯到融入电子技术的节能灯、LED 灯，正是科学家不断探索、改进才使得电光源推陈出新，越来越节能，寿命越来越长。通过照明光源的分析、梳理，点燃学生的质疑火花，产生深入学习照明发展史的愿望。

三、 创设问题情景，引入探究性学习

学生学知识不能靠死记，学技能不能依赖模仿，不能碰到困难就喊老师。这就要我们改变传统的接受学习、模仿学习、机械训练等浅层学习，用富有挑战性的问题激发学生的学习兴趣，唤起他们的求知欲，让学生从浅层学习进入深层学习。电工课程中的知识和技能，都具有一定的科学性和实践性，我结合学生的生活，在生活化的学习情境中，通过创设问题情境，让学生探究电工知识的原理、技能操作的方法，实现知识的迁移和应用。如在学了一控一灯、两控一灯电路后，请同学看视频：一公寓房的客厅很大，但灯光很暗淡。提出问题：①空间比较大的地方，要增加亮度，有几种解决方法？②选择一种你认为最佳方案，并说出理由，画出电路图。③如果需要三个或三个以上的地方控制这些灯，你有没有办法？请学生以小组为单位探究，得出两种解决方法：增加灯泡的功率或者增加灯泡的数量。接着，请大家选择最佳方案，并阐述自己的观点。这个环节，学生间的争论非常激烈，认为增加灯泡功率的学生理由也很

充分：电路简单、省材料；选择增加灯泡数量的同学认为：一般家庭，空间比较大的地方都不是通过增加灯泡功率来解决的，而是安装多盏灯，可采用分路控制，不但美观，而且节能。两种设计思路，各有优势，那么家庭各空间的照明是依据什么来设计的呢？把表面的知识迁移到实际电路设计，学生结合自己家里的照明电路进行探讨，最终得出家庭照明电路的设计要有利于生活、学习和身心健康，做到技术先进、经济合理、使用安全、节能环保、维护方便，还要考虑灯具的高度、数量、颜色等。如今家庭中使用多个开关控制一盏或多盏灯已不足为奇，我演示一个三开关控制一盏灯的电路，布置回家作业：这个电路能否用单连或双连开关？不能用的话，这个电路对开关有怎样的要求？请学生上网或请教家长一起完成电路设计，第二天交流。网上的信息量非常大，学生都能找到电路图、实物图，但对原理一知半解。我主要与学生一起探究这个"双刀双掷"开关的特点，它有 6 个接线柱，由两个单刀双掷开关组成，并列而成，接线时上面两个与下面两个接线柱要交叉连接，学生掌握了这个双刀双掷开关的接线方法后，无论增加多少个开关都能控制这个电路。

在照明电路的设计与安装中，我依据学生家庭中的照明电路创设一个个问题情境，体现了电工的学科特色，并紧扣教学内容，让学生主动学习、发现问题、解决问题，激发他们探究的欲望和热情。

四、运用多维评价，崇尚以劳为美

在电工教学中引入深度学习，就是为了让学生能持续关注劳动、关注技术，在今后的学习生活中，能积极地参与各项劳动，提高劳动能力。我通过自评、互评、家长评、师评等多维评价，关注学生在学习过程中的劳动态度、劳动习惯和劳动价值观。自评：主要让学生评价自己在电工学习过程中，知识技能是否掌握、劳动态度是否端正、是否全程参与、有没有改变劳动价值观等。互评：由同桌、小组成员评价组员在合作学习、探究学习中贡献了什么，参与度、积极性和合作探究能力怎么样。家长评：在劳技学习中，我通过布置回家作业，让家长对孩子做出评价。如学了节约用电后，布置学生针对自己家庭的照明、电器设备使用情况，列出节约用电的方法，家长对孩子的表现作出评价。师评：将学生的自评、互评、家长评进行汇总，侧重于学生的劳动习惯、态度方面，在班会课上公正地评价每位学生。对劳动积极、不怕苦、不怕累、有钻研精神、会质疑的学生给予表扬和肯定，并告知所有学生，劳技学习结束，不是意味劳动的结束，要求学生在今后的学习生活中，不忘劳动、坚持劳动，崇尚劳动，崇尚技术，明白会劳动、爱劳动的人最美。

总之，深度学习是一种理念，并非是教学模式。在电工课程教学中，我尝试把学生的学习引向深度学习，将教师的教与学生的学融合起来，引发学生的批判性思维和创新意识，也使学生在学习中能敢于提出问题，并产生解决问题的兴趣和动力。我虽然取得了一点成效，但还在不断摸索中，期待有更多的劳技教师参与研究，以夯实劳技学科独特的深度学习策略。

深度学习的"深"还要进一步厘清，因为劳技课程各学科的学习内容差别很大，课程间的深度和广度不能千篇一律，不能片面认为知识"挖"得越深，学生的学习也就越进入深度，更应考虑学生的知识储备、年龄结构和课程课标要求。教师的教，要引发学生在课堂外与生活中不间断地学习，并产生对技术的探究和批判。在当前，社会和家长特关注分数、成绩的形势对我们劳技教师是个挑战。

深度学习的达成度很大部分体现在学生课前、课中、课后的评价机制上，而劳技中心的学生来自基层，一周学习结束，极个别的学生会主动要老师的联系方式，而老师又不能全面索要学生的联系方式，课后及学后的评价较难反馈回来，所以老师较难了解到学生高中、大学所选择的专业与本课程有没有关系，也就很难得出一周劳技学习对学生终身发展的影响程度。

第二章

磁性课堂的姿态

如果劳动技术课依照教材照本宣科，这课势必会像自来水煮白菜一样淡而无味、清而无趣。要想让学生品味到油、盐、酱、醋，甚至有点辣、有点酸，那就在课堂中添加一定的佐料，让教学内容丰富起来，让课堂充满新奇、生机和趣味，让抽象、枯燥的劳技知识鲜活起来，让单调、乏味的技能灵动起来。这就是磁性课堂的姿态！

第一节　有效利用电工课程资源

　　劳动技术教育是以学生获得积极劳动体验、形成良好技术素养、以操作性学习为特征的学习领域，强调学生动手与动脑相结合。劳动技术课程是基础教育的课程之一，旨在培养具有技术知识、创新思维、实践能力的一代新人。因此，为了使学生的学习具有更加广阔的智力背景，劳技教育必须开发和整合多种的课程资源，重建学习技术的目标，从而使学生具备基本的技术能力并能运用技术解决实际问题。虽然我们学校的电工校本教材是以统编教材为支撑的，但还存在许多问题，加上电工、电子技术的飞速发展，教材无法跟进。由于技术的内容设置与实施总是处于滞后性，它制约着学生的学习兴趣和收获。为此，我在初中电工教学中，进行课程资源的开发、整合和利用，让学生通过学习，了解大量丰富的、具有开放性的技术知识和信息，促进初中学生对技术的认识。

　　什么是课程资源？课程资源概念可以有广义与狭义之分。广义的课程资源指有利于实现课程目标的各种因素，狭义的课程资源仅指形成课程的直接因素来源。范兆雄在《课程资源概论》一书中指出："课程资源（curriculum Resource)是指供给课程活动、满足课程活动所需要的一切。它包括构成课程目标、内容的来源和保障课程活动进行的设备和材料。"[1] "课程资源不是指向课程活动本身，而是指向构成课程活动所需要的一切素材和条件。"[2] 一般按照编制课程和教学计划的要素将课程资源研究分为四个领域，即课程目标资源、学习经验（课程内容)资源、组织学习经验（教学方法)的资源和制定评价计划的资源。课程资源视为课程设计、实施和评价等正规课程教学过程中可利用的一切人力、物力及自然资源的总和。

　　哪些是电工课程资源？上海教育科技出版社和上海教育出版社出版的两套八年级统编教材，我们松江劳技中心开发的校本教材。除此之外，我认为所有

---

① 范兆雄.课程资源概论[M].北京：中国社会科学出版社,2002：3.
② 吴刚平.课程资源的理论构想[J].教育研究,2001(9)：59—63＋71.

与电工电子相关的技术、信息都属于电工课程资源。电工电子技术已经在人类史上经历了一百多年，在这期间，电工电子技术为人类的进步做出突出贡献，人类生产力的进步在极大程度上依赖于电工技术的进步。电工技术和电子技术的发展十分迅速，现代一切新的科学技术无不与电有着密切的关系。怎样开发整合利用好电工课程资源，引导学生认识技术，是笔者致力于实践的课题。

一、 照明节能化，亲近技术

初中劳技电工项目学习中，比较重要的一项内容就是要学生认识家用照明电路、电光源等，通过设计和安装"一控一灯线路""两控一灯线路"，认识规范操作和节约能源的重要性。我有效利用照明电路的光源资源，让学生了解照明的发展史，通过光源的演变和进化，真正亲近技术。当完成照明电路的安装和检测通电时，我先选用钨丝灯，因为钨丝灯是纯电阻元件，电压和电流可以跃变，反复闭合、断开电路，几乎不影响灯泡的寿命。我请学生把手接近灯泡感受温度，学生会惊呼"好烫"。进而再请学生讨论钨丝灯的工作原理： 白炽灯是将电流通过一小圈钨丝，使钨丝受热而发亮。那为什么通电一会就那么烫呢？我引导学生继续讨论、探究和总结原因： 由于钨丝灯只能将二十分之一的电能转化为光能，其余的都转化为热污染和光污染。我再请学生说说自己家里使用的是什么电光源，从而引入照明的发展史，学生会畅谈、想象力也大为增强。他们运用已有的历史知识，梳理出人类第一次照明是火把，我告诉他们那是人类史上第一次照明革命，后又有钻木取火；火把又被煤油灯、蜡烛替代；1879 年 10 月 21 日，爱迪生发明的白炽灯又替代了煤油灯和蜡烛，开创了人类照明史上的第二次照明革命[1]。白炽灯可谓是照明领域最成功的产品，可是，在21 世纪，几乎所有家用照明都把它淘汰了。那替代它的是什么呢？有的学生说是日光灯，有的说是节能灯，有的说是 LED 灯。我便要求学生讨论日光灯、节能灯、 LED 灯的工作原理，鼓励他们查资料再进行讨论交流。日光灯全称为低压汞（水银）蒸气荧光放电灯，其发光原理就是基于灯管的汞原子，在气体放

---

[1] ［苏］斯科勃洛，南致善等译. 爱迪生传［M］. 北京：商务印书馆，2013：157.

电的过程中释放紫外光，所消耗的电能中约 60％ 转化为紫外光，其余转化热能，日光灯的效率约为相同功率钨丝灯的两倍，但荧光灯中的汞元素对人体与环境是有害的。[①] 节能灯又称压缩荧光灯，它的工作原理与日光灯基本相同，具有体积小、寿命长、节能等优势，节能灯的寿命是标准白炽灯的 8 到 10 倍，一盏 5 瓦的节能灯照度相当于 25 瓦的白炽灯，7 瓦和 9 瓦的照度相当于 40 瓦和 60 瓦的白炽灯。[②] LED 灯又称发光二极管，是一种固态半导体器件，可以直接将电能转化为光能，具有体积小、耗电低、寿命长、无毒环保等优点，堪称照明史上第三次照明革命。我通过播放一段 LED 灯具的视频，让学生了解到在国家大力倡导绿色节能 LED 照明的背景下，节能 LED 照明灯具已经逐步替代白炽灯成为家居照明的首选。无论是在经济领域还是在制造业领域，绿色环保照明在中国已经形成一场运动。新一代 LED 照明经过精心设计，能实现的 270 度大角度发光，让室内照明无死角，与普通 LED 球泡灯 180 度相比，大大提高了 LED 照明灯的光源面积，灯光覆盖范围更广、更明亮。

灯给人类带来了光明，使人类走向了文明。灯具，是学生最熟悉的器件，学生通过回忆家里的灯具，讨论灯具的发展历程、工作原理、优势等，一条电光源主线：白炽灯→日光灯→节能灯→LED 灯。学生感悟到照明技术的不断进步给人类生活带来的变化，那么将来会不会还有第四次、第五次照明革命呢? 通过畅想，真正亲近了技术。

二、 元件集成化，了解技术

上海市初中劳技统编教材要求学生了解电子元器件的符号、种类、作用、特性、用途、基本工作原理、连接方法等，了解简单放大电路和控制电路的应用，获得相关简单电子产品设计的一般方法，感悟电子技术的发展给人类生活带来的便利。到了 21 世纪，电子产品的发展速度惊人，这都归功于电子元器件的大规模集成。怎样引导学生了解电子元器件的集成是电子产品飞速发展的关

---

① 金鹏,邱国玉.新能源学科前沿丛书:绿色照明技术导论[M].北京:科学出版社,2017:5—6.
② 金鹏,邱国玉.新能源学科前沿丛书:绿色照明技术导论[M].北京:科学出版社,2017:25—26.

键？我从学生耳熟能详的电脑着手，问学生："你知道第一台电脑有多大、多重吗？"让学生搜寻资料、整理电脑的发展历程，并思考和交流：电脑为何越来越轻、体积越来越小、功能越来越多、容量越来越大？

学生通过电脑搜寻资料，整理电脑的发展史：世界上第一台数字式计算机于 1946 年 2 月 15 日在美国投入运行，有 17468 个真空电子管，耗电 174 千瓦，占地 170 平方米，重达 30 吨。第二代为晶体管计算机，运用时间为 1957 年到 1964 年，晶体管不仅实现电子管的功能，又具有尺寸小、重量轻、寿命长、效率高、发热少、功耗低等优点。第三代已是中小规模集成电路计算机，时间为 1964 年到 1971 年，随着半导体工艺的发展，成功制造了集成电路，中小规模集成电路成为计算机的主要部件，大大降低了计算机的功耗，减少了元器件和焊接点，使计算机的体积更小，功能更强大。第四代为大规模和超大规模集成电路计算机，时间为 1971 年到 2016 年，随着大规模集成电路的成功制作，并用于计算机硬件的生产过程，计算机的体积进一步缩小，软件系统工程化，程序设计自动化，电脑的性能进一步提高。目前，已进入第五代，指具有人工智能的计算机，它具有推理、联想、判断、决策、学习等功能。①

通过讨论学习，学生明白这一切都归功于集成电路。"集成"这个词，对初中学生来说，并不陌生，但不一定知道它的含义。我就跟学生讲述发生在 1947 年 12 月 23 日美国新泽西州墨累山的贝尔实验室里的一件事，三位科学家巴丁博士、布莱顿博士和肖克莱博士紧张而又有条不紊地在导体电路中用半导体晶体把声音信号放大的实验。三位科学家惊奇地发现，在他们发明的器件中通过的一部分微量电流，竟然可以控制另一部分流过的大得多的电流，因而产生了放大效应。② 这就是在科技史上具有划时代意义的成果——晶体管。这三位科学家在 1956 年共同荣获了诺贝尔物理学奖。晶体管的发明带来了"固态革命"，进而推动了全球范围内的半导体电子工业。作为主要部件，它首先在通信工具方面得到应用，并产生了巨大的经济效益。由于晶体管彻底改变了电子线路的

---

① ［英］马丁·坎贝尔-凯利(Martin Campbell-Kelly).计算机简史第三版［M］.北京：人民邮电出版社,2020：69—71.
② ［英］马丁·坎贝尔-凯利(Martin Campbell-Kelly).计算机简史第三版［M］.北京：人民邮电出版社,2020：71.

结构，集成电路以及大规模集成电路应运而生。两个二极管相加得到三极管，那能否把成千上万，甚至上亿个二极管相加呢？其他元件可以相加吗？ 1958年：第一块集成电路诞生，只有十几个晶体管。 1978年：能集成了14万个晶体管，标志着超大规模集成电路（VLSI）时代的来临。 1988年：能集成3 500万个晶体管。 1994年：能集成1亿个晶体管。截至2012年：能集成71个亿晶体管。[①] 那么，学生会提出疑问，二极管能集成为三极管，那其他器件能集成吗？我引导学生认识集成块，识读上面的标识，从而得出除了二极管能集成外，电阻、电容、三极管等元件都可以大规模集成。

从电脑的发展历程和发明三极管的经过，从电脑引申到手机、电视机等产品，从真空电子管→晶体管→小规模、中规模集成电路→大规模、超大规模集成，才引起了计算机的几次更新换代，学生知道了电子产品的进化得益于"集成"电路。而每一次的更新，都促使产品的体积和耗电量大大降低、功能大大增强、容量大大增加，特别是价格越来越低，使得计算机迅速普及，进入家庭和各个领域。通过学习学生也真正了解了技术对社会、生活的作用。

三、 家居智能化，感悟技术

随着社会信息化的加快，人们的工作、生活和手机、手机软件（APP）关系日益紧密。信息化在改变着人们的生活方式，也对传统住宅提出了挑战，社会、技术以及经济的进步更使人们的观念随之巨变。我们的家居不只是一个物理空间，更是一个安全、方便、舒适的智能化环境。

劳技八年级的科教版和上教版都有"家用电器的使用与维护保养"内容，我把这部分与安全用电、节约用电、传感器整合起来，提出问题： 同学们，未来的一天，你们有没有想到过，我们回到家，不用钥匙，门会主动为我们打开；家庭的墙壁上将没有开关，天一黑，只要家里有人，灯就会自动亮起来；进卧室睡觉，窗帘会自动拉上，早上起床，窗帘又自动拉开？家里的地板，有扫地机器人自动、定期打扫；电视机，你只要呼唤一声，它就为你开启，你想

---

① 秦雯.电子技术基础[M].北京：机械工业出版社,2018：149.

看什么频道，也只要说一下数字，它就自动换台；洗衣机、电饭煲、空调等电器全都用手机控制开启……这就是家居智能化，我告诉学生，不久的将来，智能家居就会普及，来到我们的生活中。

当我介绍这些信息，学生感到很迷茫，更觉得新奇，因此会产生极大的学习兴趣。我便顺利进入智能家居的介绍，告诉学生所谓家居智能化，就是通过家居智能管理系统的设施来实现家庭安全、舒适、信息交互与通信的能力，使家庭生活更为高效和节能。家居智能化系统由如下三个方面组成： 家庭安全防范（HS）、家庭设备自动化（HA）、家庭通讯（HC）。①

中国家庭还未普及智能化，所以学生知之甚少。我告诉学生，家居智能化技术起源于美国，最具代表性的是 X-10 技术，该技术布线比较简单、功能非常灵活，被人们广泛接受和应用。网络化的智能家居系统可以为家庭提供家电控制、照明控制、窗帘控制、电话远程控制、室内外遥控、防盗报警等。其实，家居智能化可以定义为一个过程或者一个系统，利用先进的计算机技术、网络通讯技术、综合布线技术、将与家居生活有关的各子系统有机地结合在一起。通过统筹管理，让家居生活更加舒适、安全、有效。提供全方位的信息交换功能，帮助家庭与外部保持信息交流畅通，优化人们的生活方式。帮助人们有效安排时间，增强家居生活的安全性，甚至为各种能源费用节约资金。我便请学生根据自己家庭情况和需求，用文字表达设计一套智能化的家庭起居。由于初中学生对电路、元器件的作用、集成电路、传感器知识储备不够，所以应重在表达设计理念和思路。我也通过一些情景让学生感受智能化的奇妙和无处不在，例如我告诉学生： 在工作日，老师每天在早上六点和下午四点会收到一则回家路程公里、路况和所需时间的信息，可奇怪的是老师从来没有要求手机去做这件事，那为什么手机会自动跳出这样的信息呢？学生会说"智能化"，但其实说明这手机有了人类一样的大脑，它在思考、在收集信息、处理信息，尝试给我们可行的方案或建议。所以，家居的智能化，必定是一项很深奥、值得我们去探寻的领域。

通过了解智能家居的系统，学生可大胆畅想和思考，只要有想法，我都给

---

① 陈国嘉.智能家居商业模式＋案例分析＋应用实战［M］.北京：人民邮电出版社,2017：2—4.

予鼓励和肯定，让学生感到深奥的技术离我很近，就在身边，深刻感悟技术的魅力！

综上所述，课程资源是有限的，也是无限的。说它是有限的，因为并不是所有事物都能够直接为课程教学服务；说它是无限的，因为生活中课程资源无处不在，无时不有，关键是教师要能够发现、挖掘、利用。资源无限，贵在选择。在现实的课程教学中，课程资源是有限的，但人的创造性是无限的。有限的资源经过无限的创意可以生成充裕的课程资源。我们不能以"书本中心"为中心、不能"照本宣科"，因为从课程资源到课程教学内容需要一个转化过程。特别是电工课程，它的技术日新月异，教师对新的技术应进行再加工，才把它变成课程资源，实现课程资源与课程内容的结合，使课程资源对现有课程内容进行补充、替换、渗透等。

电工电子技术内容比较抽象，这些课程资源的利用贵在创造性，我们劳技课程的老师应掌握多种课程资源利用的基本方式，通过教师创造性的开发和再利用，生成独具特色的课程资源，以吸引更多学生关注技术、学习技术、感悟技术。所以，教师应在掌握基本课程资源利用方式的基础上，开动脑筋，发挥聪明才智，创造性地利用各种课程资源。只有灵活多变地采取各种策略和措施，创造性地进行课程资源开发与整合，我们的课程教学才能具有持久的生命力，才能走向一次又一次的成功。

第二节　将智能技术渗透于劳技课程

近些年来，媒体对无人驾驶、机器人的报道非常之多，学生对"智能"这个词并不陌生。其实，从 2014 年开始，我们社会已进入了人工智能时代。在这之前的智能都在互联网上、服务器里，而我们身边的东西，如洗衣机、冰箱、照明、电视机、汽车等智能的含量非常低，即使洗衣机、电饭煲有预约功能，也基本属于低端智能。未来的一段时间里，智能会渗透到所有东西中。有人预言，五年之后，手机将不复存在，或者说变得无关紧要、可有可无，智能产品会遍布我们的身体，并将我们带入穿戴社会。如我们的手表变成智能手表，眼镜变成智能眼镜，交通工具变成智能车或无人驾驶车。我们将被智能彻底包围。智能时代发展到后期，但凡可以想象到的地方全部被智能化，智能工具将全面爆发。而这一切，将彻底改变我们现在初、高中学生的择业、生活。四到十年之后，当他们大学毕业、踏入社会，正好面临智能新时代，智能已将我们现在的初高中学生推到风口浪尖上，如果不及时地让现在的学生了解一些智能技术，当他们走出校门，很有可能将无法适应智能时代，最终被智能社会所淘汰。

智能技术是为了有效地达到某种预期的目的，利用知识所采用的各种方法和手段，可以对人的意识、思维的信息过程进行模拟，并能像人那样思考、超过人的智能，因此，亦称人工智能，英文缩写为 AI，它是研究、开发用于模拟、延伸和扩展人的智能的理论、方法、技术及应用系统的一门新的科学技术，它企图了解智能的实质，并生产一种能以人类智能相似的方式做出反应的智能机器，该领域的研究包括机器人、语言识别、图像识别、自然语言处理和专家系统等。[①] 其主要通过计算机系统进行模拟人类大脑，涵盖的能力包括演绎推理、深度学习、自然语言处理、机器人学、语音识别等。智能技术从人工智能诞生以来，理论和技术日益成熟，应用领域也不断扩大。可以设想，未来

---

① 邓朝晖,万林林,邓辉,张晓红,刘伟.智能制造技术基础[M].武汉：华中科技大学出版社,
2017：1.

人工智能带来的科技产品，将会是人类智慧的"容器"。

人类在诞生之初，还没有掌握科学知识，想要解释未知的知识，只能发挥想象力。于是有了后羿射日、盘古开天、女娲补天等神话，或许这就是最古老的智能思维。几千年来，人类用神话来解释世界的神奇事，科学家从未放弃过探寻这方面的奥秘。1765年瓦特发明第一台蒸汽机，1807年富尔顿发明了轮船，1814年史蒂文森制造了火车，技术冲击了整个社会和经济，让人们见识了科学技术的神奇，也为人们的思维打开了一扇科幻的天窗。当智能手机、智能机器人、智能眼镜等等原来只存在于科幻电影、小说里的产品，一下子来到人们的生活中，我们才发现之前不可能的技术，如今已经成为现实。当我们储存资料从A盘→U盘→硬盘，从小容量到大容量，如今被百度网盘、微云、360安全云盘替代。我们不需要把重要资料储存在实体磁盘上，到任何地方，只要有互联网，就能轻松地从云端读取自己所存储的信息，还具有安全稳定、海量存储的特点。由此可见，智能技术改变了我们的学习、生活、生产方式。

技术的变革，越来越智能化，需要有想象力的人去推进和发展。拥有想象力，是人类思维的本质，也正是研究人工智能、塑造很高级的"心智社会"的关键所在。在智能社会，需要懂得智能技术的人。我们不能等学生大学毕业踏入社会才明白这一点。笔者认为，劳技课程是学生学习基本技能的主场所，在初高中就应让学生了解智能技术，在各课程中抓住智能的影子，孕育学生的技术思维。

古人云："开卷有益。"益从何来？在近50年，为我们展示了"人机时代→人人时代→机人时代→智人时代"，人、机器、互联网的发展，最终相互融合，优雅步入"智人时代"。① 人类智能已拉开了序幕，而人、机器、互联网三个元素是智能的主线条，这就需要懂得"智能技术"的人才。会应用科技、电子技术和软件及算法，使过去那些不智能的东西智能化。智能技术将引领人类的生活、生产和交流方式，你若不会使用它，就将与时代格格不入，最终被时代淘汰。因此，在劳技各课程中融入智能技术已势在必行了。

我们劳技中心初中开设的课程有电工、布艺、木艺、微机技术、食品雕

---

① 刘兴亮,张小平,王汉华.智能爆炸[M].北京:机械工业出版社,2015:207.

刻、花艺、编结、摄影课程；高中开设了电子技术、实体设计、金工、机电一体、模拟驾驶、摄像、可编程序控制器（PLC）课程。劳技中心近年来加强了在相关课程中渗透智能技术的介绍，我们教师不能停留在简单地完成课程内容教学上，应创设、提供、整合智能技术的信息。笔者就电工、电子、模拟驾驶、金工课程如何在教学中融入智能技术做一些介绍。

一、 电工课程，探寻智能家居技术

我们劳技中心的电工课程集照明电路、家用电器、简易电子电路为一体的劳技项目，主要有三个板块组成：①电工，主要学习安全用电，插头、插座的安装，简单照明电路的设计和安装，会用万用表检测器件的好坏、电路的通断情况。②家用电器：主要了解名牌数据、使用方法、工作原理，学习简单的故障排除方法。③电子：主要学习焊接技术，了解四个基本电子元件的单位、符号、分类、作用、特性等，并完成一个简易电子光控小作品。每个学生的家庭生活，离不开照明和家用电器，而家用电器基本都是电子产品，当智能化产品已充斥着学生的生活，在电工教学中增设智能家居是很有必要的。

所谓的家庭智能化就是通过家居智能管理系统的设施来实现家庭安全、舒适、信息交互与通信的能力。家居智能化技术起源于美国，它集视频监控、智能防盗报警、智能照明、智能电器控制、智能门窗控制、智能影像控制于一体，通过平板电脑、智能手机等，可以实现远程观看家里的监控画面，还可以实现控制家里的灯光、窗帘、电器等。① 主要由三个方面组成：家庭安全防范、家庭设备自动化、家庭通讯。智能家居就像一个管家，通过采集海量的大数据对用户的兴趣爱好等基本信息进行分类，从而呈现有效精准的服务内容，使人类的生活更加舒适、便利和安全。

在一灯一开关电路通电演示时，老师问学生："如果有一天，我们家里的墙壁上没有一个手动开关，你觉得可能吗？"在讲解常用家用电器的使用时，老师问学生："如果我们出门后，在上学、上班的路上，忽然想起忘了关灯、关门、

————————————

① 刘兴亮,张小平,王汉华.智能爆炸［M］.北京：机械工业出版社,2015：207.

关窗、关煤气等，该怎么办？是否一定要回家？"老师播放智能家居的一些视频让学生展开讨论：若没有了开关，怎么控制照明电路？若怀疑忘了关门、关窗、关煤气、关电器，我们不用回家，那靠什么技术知晓家里门窗、煤气灶、电器等是否关闭？老师还可增设一些问题，如冰箱的智能化，当冰箱里储存的食物不够时，冰箱会怎么做？学生七嘴八舌地谈论、想象，最后可归纳出：冰箱有自己的"眼睛"和"大脑"，了解"肚子"里装了什么，也更懂用户的需求，让冰箱成为互联网服务的入口。冰箱里的食物如鸡蛋、牛奶没有了需要购买了，冰箱自动联系超市定制用户所需食物的数量、品牌，超市接到订单自动派送，送到用户处，有家庭机器人接收放入冰箱，冰箱验收后发出货物信息、价格，用户接到信息只需付款便是。在这一环节的介绍和学习中，老师可选取常用的电器、家庭智能安防进行智能功能方面的探讨，可用学习单方式完成。

智能家电：

① 智能冰箱，特点：依赖移动互联网、物联网等技术，实现与网上超市进行联网，根据储存情况和用户偏好得出"菜谱、明细"，然后自动选择送货上门，让用户足不出户。功能：可在线查询冰箱存储失误信息、可设置购物清单、实时接收冰箱信息。还能根据食物散发出的味道判断新鲜程度，并将不新鲜的食物移至冰箱门最近的地方，提醒用户。①

② 智能洗衣机，特点：洗衣机变得更聪明、更体贴，而洗衣任务变得更简单。功能：自动侦测洗衣量和脏污程度，通过智能控制中心精准调配适当比例的洗涤液、柔顺剂用量、水位高低、洗涤时间和最佳洗涤方式，还可全程监控调整洗衣过程。②

智能安防：

① 门窗控制，特点：视频数字化、监控网络化、系统集成化，构建一个安全、舒适、和谐的家居环境。功能：玻璃破碎探测器、无线门磁探测器、人体红外探测器和无线幕帘探测器来探测门、窗、抽屉等是否被外人、非法打开或移动，收集人体发出的10微米左右的红外辐射，并进行信息传输给系统。

────────────────

① 陈国嘉.智能家居商业模式＋案例分析＋应用实战[M].北京：人民邮电出版社,2017：203.
② 陈国嘉.智能家居商业模式＋案例分析＋应用实战[M].北京：人民邮电出版社,2017：201.

② 报警功能，特点： 快捷、高效。以上探测器发出的信息，系统诊断为不正常现象，会发出报警信号。烟雾传感器、可燃气体传感器是智能家居必不可少的功能，若检测到烟雾浓度超标、可燃气体泄漏，传感器发出报警信号。

家居智能化技术借助的是物联网开放平台，使家电可以自动感应环境、知晓用户喜好、习惯，进行自我调节。如家里的床能感知人体温度、散热和流汗情况从而进行温度、湿度的调节，让人永远生活在舒适的环境中。① 但是，每个家庭的家用电器可能来自不同的品牌，不同的产品怎样在数据上实现互通？跨产品、跨数据实现互通后，怎样让其主动积极地工作，无需用户过多的参与、干涉？例如，人在智能床上出汗了，怎样将数据传输给空调使空调接到指令自动启动降温模式？这都是需要攻克的课题！智能家居是人类不断追求的一个美好梦想，只有打破碎片化的困扰，实现不同品牌间的兼容与统一，这是走入普通家庭的前提条件，未来，期待有志向的学生投入这项技术研究中。

二、 电子课程，揭开神秘的智能穿戴技术

2012 年 6 月的谷歌 I/O 大会上，谢盖儿·布林为与会者带来了谷歌眼镜，向人们宣告了智能穿戴纪元的到来。2013 年夏季起，欧美的一些大公司对智能穿戴掀起了一场新的电子革命。智能穿戴，顾名思义就是能够穿戴到人身上的设备，如眼镜、手套、手表、服饰及鞋等，能实现人和这些设备的交流互动，建立关系，通过这些设备使人的生活更加信息化、智能化。如智能手表、智能眼镜，在智能穿戴中，最流行、最典型的就是智能手机。②

我们劳技中心的电子课程主要以简易电路搭建为载体，学习电子控制系统的输入、控制、执行与红外遥控技术等相关知识与技能，并制作作品——光电自动循迹小车，这是运用电子电路实现控制功能的作品。主要使用集成块CD4011、 35 时基电路，要求学生在面包板上搭建简单的光控、声控电路，让学

---

① 刘兴亮,张小平,王汉华.智能爆炸[M].北京：机械工业出版社,2015：166.
② 刘兴亮,张小平,王汉华.智能爆炸[M].北京：机械工业出版社,2015：129.

生掌握基本的传感器的功能和工作原理，让学生设计震荡电路、传感器感光距离等，从而来探讨智能手表、智能眼镜、智能手机运用到的集成块和元器件。我们老师在讲授红外线遥控技术时，有机地结合智能穿戴产品，从而揭开其神秘的面纱。红外遥控是一种无线、非接触控制技术，具有抗干扰能力强，信息传输可靠、功耗低、成本低、易实现等显著优点。光电自动循迹小车主要有发射电路、接受电路和执行电路组成，发射电路采用红外发光二极管来发出经过调制的红外光波，红外光转换为相应的电信号，再送后置放大器；接收电路将发射器发出的已调制的编码指令信号接收下来，并进行放大后送解调电路；执行电路将已调制的指令编码信号解调出来，由驱动电路来驱动执行各种指令。当学生完成光电循迹小车，按下启动按钮，小车利用光电传感器在轨道上自行驾驶时，老师问学生：小车为何会自动循迹？这种技术在哪些产品上已运用？学生会不假思索地列举手机上的传感器、智能手表的定位功能。学生运用集成块通过搭建电路和作品制作，体验了远近距离的控制、光线强弱控制等功能，对手表的定位、手机的储存、导航、拍摄、传输等功能恍然大悟，这些设备电器所具有的智能功能，揭开其面纱，其实只是集成电路、芯片的运用而已。

穿戴式智能技术在工业、医疗、军事、教育、娱乐等诸多领域都有重要的研究价值和应用潜力。智能手表、智能眼镜等穿戴式智能设备的本意是探索人和科技全新的交互方式，为每个人提供专属的、个性化的服务，而设备的计算方式无疑要以本地化计算为主，只有这样才能准确定位和感知每个用户的个性化、非结构化数据，形成个人随身移动设备上独一无二的专属数据。[1] 未来，智能穿戴将发展成为人体的一部分，就像皮肤、手臂一样。在更远的未来，手机可能只需向人体植入一个芯片，跟人的亲密程度可能远远超过家人。[2]

我们在电子课程中增加智能穿戴的介绍，让学生知道智能穿戴有哪些产品，怎样深刻地影响了人类的生活，从而再去探究所涉及的智能技术。我们将学生分成若干小组，以小组为单位进行这三方面的学习，展开讨论、交流和归纳。智能穿戴产品涉及的技术、特点和功能列举详见表 2 - 1。

---

① 陈国嘉.智能家居商业模式＋案例分析＋应用实战[M].北京：人民邮电出版社,2017：171.
② 刘兴亮,张小平,王汉华.智能爆炸[M].北京：机械工业出版社,2015：160.

表 2-1　智能穿戴产品涉及的技术、特点和功能列举表

智能穿戴产品	涉及技术	特点	功能列举
智能手机	芯片、处理器、存储器、屏幕、摄像头依然是智能手机最核心的技术。	更像个人电脑，具有独立的操作系统、运行空间，可以自行安装软件、游戏、导航等第三方服务商提供的程序，并可以通过移动通讯网络来实现无线网络接入手机类型的总称。	智能手机拍照：补光、美颜、存储、上传发布等。导航：输入起点、终点，手机导航有多种模式选择，走高速还是路面、距离最短还是红绿灯最少，一路有语音提示测速、违章拍照等等。
智能眼镜	实时摄像技术、同步双屏技术、地图导航技术、虚拟现实技术、红外线医学技术。	具有实时性和交互性，实现了虚拟与现实的"无缝"结合，也解放了双手！	通过一块微型投影的透明棱镜，将虚拟画面在人的眼前几厘米处生动地展现出来，可以阅读、导航、翻译。
智能手表	与手机兼容技术、接受读取信息的技术、防水技术、检测健康技术、导航定位技术等。	除显示时间外，还具有提醒、导航、校准、监测、交互等多种功能。	有监测健康数据的智能手表：可以对周围环境进行逻辑控制，心跳、血糖等指数，还可有短信、微信、电话的提示。

　　学生通过讨论、交流，实现了知识的分享，对智能产品的了解，明白智能穿戴技术将不断发展，并更加深刻地影响人类的生活。

三、 模拟驾驶课程，呼唤无人驾驶技术

　　20 世纪，驾驶是一项工作；到 21 世纪，驾驶慢慢演变成一项生活技能，即使还没有买车，人们也纷纷去驾校学习。 2007 年，我们劳技中心应时代、学生需求开设了模拟驾驶课程，主要让学生在汽车模拟驾驶器上进行各种路况、天气、场景条件下的仿真驾驶，学习汽车构造的基础知识及道路交通法律、法规知识。因为其逼真、有趣，成为高中学生争先报选的课程，是高中学生的香馍馍，可谓风光一时。不想十年光景，模拟驾驶课程就将面临着落伍和被淘汰的命运。在现有的教学设备和课程资源下，我们任课老师紧紧结合形势，在教学中结合无人驾驶汽车的技术，渗透智能技术，使模拟驾驶课程迎来了新气象。

汽车从 1885 年德国工程师卡尔·本茨制成的第一辆三轮车为标志，经历了大规模流水化生产的发展期和为了满足特殊应用而生产的成熟期。从 2003 年 7 月 1 日，美国的马丁·艾伯哈德与其合伙人成立了特斯拉汽车公司便使无人驾驶汽车步入了展望期。模拟驾驶课程有交通法规的学习，老师让学生展开探讨：无人驾驶汽车需要哪些技术？怎样做到避让？能否完全消灭交通事故和违规驾驶？我们展开合作式学习，让学生自由地探讨，最后班内进行交流。无人驾驶汽车其实是一种智能汽车，又称电脑驾驶汽车或轮式移动机器人，是一种通过电脑系统实现无人驾驶的智能汽车。自动驾驶汽车技术的研发，在 20 世纪也已经有数十年的历史，于 21 世纪初呈现出接近实用化的趋势，依靠人工智能、视觉计算、雷达、监控装置和全球定位系统协同合作，让电脑可以在没有任何人类主动的操作下，自动安全地操作机动车辆。无人驾驶汽车集自动控制、体系结构、人工智能、视觉计算等众多技术于一体，是计算机科学、模式识别和智能控制技术高度发展的产物。它是利用车载传感器来感知车辆周围环境，并根据感知所获得的道路、车辆位置和障碍物信息，控制车辆的转向和速度，从而进行路况分析。① 可以说，时至今日，没有哪一项科技成果比无人驾驶汽车更具有未来感、神秘感。 2017 年 12 月 2 日上午， 4 台"阿尔法巴智能驾驶公交系统"的深圳巴士集团公交车在福田保税区首发试运行。根据体验过的乘客反映，这些无人驾驶的巴士转弯流畅，遇到障碍物会自动绕行，行人横穿马路时会紧急刹车避让，到站时自行靠边停。如果不是亲眼看见空空的方向盘，你可能还以为坐上的是某个经验丰富的"老司机"开的车。据报道，这是全球首次在开放道路上进行的智能驾驶公交试运行。②

无人驾驶汽车会给我们的生活带来多大的变化？老师有声有色地描绘着这样一种场景：有一天，我们的车就是专车司机，需要的时候发出指令，它就会自行开到我们面前；设定目的地后，汽车毫无差错地将我们送达目的地，并且可以避让拥堵地段，自主选择最便捷、最畅通的线路；到达目的地，我们下车，汽车可以自行开到停车场；等我们办完事或下班，汽车自行从停车场出

---

① 刘兴亮,张小平,王汉华.智能爆炸[M].北京：机械工业出版社,2015：176—178.
② 程锐,穆毅.阿尔法巴智能驾驶公交全球首发 深圳巴士集团实现全面电动化后迈出走向全面智能化的关键一步[J].城市公共交通,2018(1)：53.

来，开到你面前接你。这一切，是不是天真的梦？老师请学生展开想象的翅膀，憧憬马路上都是无人驾驶的场景，也可播放无人驾驶车辆的巡航、车道保持、自动泊车、盲点监测等视频。学生都会发出惊呼：以后的驾校会消失，路上的交警会减少甚至淘汰，拥堵将缓解，燃料将大大节省；老人或残疾人可以出行，交通事故、车祸伤亡将锐减。老师进而启发学生，引导学生思考：无人驾驶汽车，离我们还远吗？老师让学生从已有的生活经验、知识展开对无人驾驶技术的探讨，梳理涉及的领域和技术、主要功能，完成无人驾驶知识的学习。相关无人驾驶涉及的领域、技术及功能见表2-2。

表2-2　无人驾驶涉及的领域、技术及功能表

	涉及领域	涉及技术	主要功能
无人驾驶	智能工具	雷达传感器技术、激光测距技术、导航技术、红外摄像技术、立体视觉技术、车轮角度编码器、车道识别技术等。	智能感知：通过摄像机、雷达和激光传感器实现，课追踪车外情况。智能控制：激光测距仪可精确测量车辆的前后车距，全球定位系统可确定车子在地球上的位置，误差小于10厘米等，从而控制汽车的行进。
	智能交通	数据采集、数据分析、实时加工等技术，提炼出对监控、预警、拥堵等有关的交通信息。	这是一个基于现代化电子信息技术面向交通运输的服务系统，属于系统智能，为无人驾驶、路面流量调整、掌握车辆行踪服务。

从模拟驾驶引入无人驾驶，不只是为了让学生知道这项技术，更是为了让学生明白，今天很前卫的职业，明天就有可能落伍，只有站在技术前沿的人，才会发现技术永无止境，未来属于不断攀登的科技人员。

四、 金属加工课程，探寻智能制造技术

在电影《摩登时代》中有这样一幕：20世纪20年代，美国正处于经济萧条时期，失业率居高不下，单调繁重的工作让工人变成大机器生产中的一枚螺丝钉。在轰鸣的厂房里，工人查理夜以继日地在流水线上工作。而谁也想不到，在不到一百年的时间，制造业不再需要流水线上的工人，随之被取代的是

大量的机器人。① 如今年春节过后，深圳的富士康下令，流水线上的 6 万工人被百来个机器人代替！在《中国制造2025》中，智能制造被定位为中国制造的主攻方向。加快机械、航空、船舶、汽车、轻工、纺织、食品、电子等行业生产设备的智能化改造，提高精准制造、敏捷制造能力。统筹布局和推动智能交通工具、智能工程机械、服务机器人、智能家电、智能照明电器、可穿戴设备等产品研发和产业化，智能制造成为制造业的新革命标签。② 制造业是国民经济的主体，是立国之本、兴国之器、强国之基，在高中金属加工课程中，让学生了解、探寻智能制造及其技术是很有必要的。

我们劳技中心金工课程，主要让学生学习车工与钳工，这是机械加工的两大主要工种，包含识图、划线、锯削、锉削、钻孔、攻套丝等基本技能。由于此课程的操作绝大部分属于体力活，锉削时产生铁屑，有一定危险性，故学生学习兴趣不高。学生为了切割一段金属、锉削它们的面，往往要花费很大的力气和时间，这就大大降低了学生学习金工的兴趣，甚至对加工业、制造业产生误解和排斥。如何改变学生的兴趣？提高学生对加工技术、制造技术的认识，我们课程老师们结合当前的"工业4.0"规划，将课程技能与智能化结合起来，一起探寻智能化制造技术的实质和前景。所谓智能制造技术是利用计算机模拟制造业领域专家的分析、判断、推理、构思和决策等智能活动，并将这些智能活动和智能机器融合起来，贯穿应用于整个制造企业的子系统，包含经营决策、采购、产品设计、生产计划、制造装配、质量保证和市场销售等，以实现整个制造企业经营运作的高度柔性化和高度集成化，取代或延伸专家对制造环境领域的部分脑力劳动，并对制造业领域专家的智能信息进行收集、存储、完善、共享、继承和发展，是一种极大提高生产效率的先进制造技术。

智能制造渊于人工智能的研究，智能化更是制造自动化的发展方向。当学生了解了智能制造的概念后，可让学生探讨：若我们加工一个榔头，在加工制造各环节中运用人工智能技术，那么需要哪些关键技术？再可拓展延伸到一些高端、高难度、高精度的产品加工制造中，师生一起探讨智能制造的关键技术

① 刘兴亮，张小平，王汉华. 智能爆炸[M]. 北京：机械工业出版社，2015：11—12.
② 国务院. 国务院关于印发《中国制造2025》的通知国发〔2015〕28号[EB/OL]. 2015 - 08 - 19/2020 - 12 - 06. http://www.gov.cn/zhengce/content/2015-05/19/content_9784.htm.

和主要特点，还可通过实例加以深化。

　　智能制造需要的关键技术有很多，第一，需要先进的制造工艺技术，能使制造过程更加灵活、高效，具体的应用有高效精密加工，它运用三维数字量形式对产品、工艺、资源等进行分析和建模，可以计算、分析、仿真和可视化，再综合工程分析和设计原理等技术，对设计进行改善、实施、确认和评价。第二，需要新一代信息技术，可通过信息的获取、处理、传输、融合等各方面的先机技术手段，为人、机、物的互联互通提供基础，具体的应用如在三维模拟空间或虚实融合空间，在视觉、听觉、触觉等感官上给人以沉浸式体验。目前有 VR/AR 技术运用产品体验（穿戴技术）、设计与工艺验证、工厂规划、生产监控、维修服务等环节。第三，需要人工智能技术，在制造各环节中，让机器或软件系统具有同人类一样智能的技术。如信息物理系统（CPS）具有感知、计算、控制和通讯能力，能感知环境的变化并自主运行，实现物理实体与虚拟映像共存同变。[①] 同时，也能实现远程控制和监控。随着制造业与互联网融合迅速发展壮大，正成为支撑和引领全球新一轮产业变革的核心技术。第四，需要大数据分析与决策支持技术，可对设备实时监控、数据采集、产品质量在线检测、产品远程维护等环节的大数据。如海信企业通过引进自动化智能生产设备和信息系统升级，实现了对电视机在市场的细分、客户对产品需求的多样化分析，从产品订单、研发、原材料采购、生产等全过程进行精准监控，实现了信息的互联互通，助力实现企业的智能化制造。海信电视机的生产效率和产品品质均不断提升，在包装自动化设备环节，约 5 秒就可以完成一台电视机的包装。

　　制造业是寂寞、漫长且难以得到掌声的行业，而智能化技术可大大改善工作环境，减轻工作强度，提高产品质量和工作效率。机器的自动化程度及智能化水平的提高，还起到了环保、节能的作用，特别对故障诊断实现智能化后，可降低维护成本的费用。在金工课程中引入了智能制造，改变了学生对金属加工的看法，也大大提升了课程的品质。关于劳技课程融入智能技术，我有以下四点思考。

---

① 邓朝晖,万林林,邓辉,张晓红,刘伟.智能制造技术基础[M].武汉：华中科技大学出版社，2017：19.

第一，加快步伐，有序推进。在手机、电视等终端产品实现智能化之后，新一代信息技术正加速与个人穿戴、交通出行、医疗健康、生产制造等领域集成融合。所以，我们劳技中心所有课程应该加快步伐，结合学生的生活实际需求有序推进智能技术的介绍。措施一：老师梳理本课程资源，与本课程相关的智能技术一一罗列，重新设定教学计划，腾出一定时间、一定章节介绍智能技术，将智能技术与本课程的教学有机整合，满足学生对智能技术知识的需求。措施二：2017年劳技中心已申报了家用电器、智能家居和3D打印三门课程，教学设备、校本教材、师资配置等都在积极筹划中。这三门课程都建立在智能技术、智能制造基础上，2018学年陆续启动，打造好这三门课程，积累经验，有望引领其他课程在教学中推进智能技术。措施三：实现相关课程的统筹，如初中家用电器课程中的智能化，可与高中家居智能课程相结合，3D打印可与实体设计、机电一体有机整合，做到资源互补，满足不同阶段学生对智能技术的学习。让劳技中心所有课程都插上智能的翅膀，让所有学生在技术的学习中感悟到智能技术的存在和日益强大。

第二，深入挖掘，提炼资源。劳技中心课程可分四大板块：电工电子技术、家政技术、信息技术、机电技术，我们只要深入挖掘，哪怕是家政技术，也能提炼出智能技术的影子。如食品雕刻课程，在各种食物素材上雕刻花卉、鸟兽动物，手工加工总是存在误差和形状走样，若使用人工智能技术，大小、厚薄都能做到统一，提高工作效率；而且，智能加工能根据人的喜好、材料、功能等等进行诊断和自主设计。"智能技术与互联网"结合是促进智能技术发展的关键，我们信息技术各课程应该紧跟时代步伐，如摄影课程，老师可用普通相机与智能手机照相功能进行对比，让学生感悟手机拍照的智能技术。华为Mate 10搭载了人工智能引擎，能够智能识别出13种不同的拍照场景。[①] 在我们举起手机的一瞬间，多种以往需要人们靠自身经验去设定的参数，AI芯片能在很短的时间内，判断当前相机画面所处的环境、拍摄对象的种类，自动调节白平衡、快门时间、感光度（ISO）、曝光补偿、滤镜等。而且，华为 Mate 10

---

① 康嘉林.华为消费者业务手机产品线副总裁李昌竹：将技术转化为消费者体验和价值[N].通信产业报,2017 - 11 - 13(008).

对于 AI 摄影的技术已经支持包括雪、食物、日落、猫、狗、花、植物和肖像等 13 种环境和物体进行自动分类,当我们拿起手机对准拍摄物体的时候,相机左下角会显示出识别图标,切换速度非常快,按下快门即可诞生一张近乎完美的照片。摄影教室亟待要增设的是网络和平板电脑,可以实现随拍、随传、随评的现代化速度,更好地领悟智能与信息互联的关系。

第三,结合需求,紧跟形势。劳动技术课程是上海市中小学阶段的一门基础型必修课程,旨在提高未来社会成员的技术素养、创新精神和实践能力。劳动技术教育能有效地开发学生的创造潜能,实现学生的手脑互动,是培养学生动手实践能力的有效途径,能为学生适应现代技术发展和未来社会生活的要求奠定基础。社会的发展,技术的日新月异,对教育和人才培养带来了巨大的挑战,教育越来越注重学生综合素质与能力的培养。而人工智能进化速度极快,AI 技术—构成新兴的机器智能趋势的认知计算能力开始飞速发展,机器智能系统获得的数据越多,它们就会变得更加"聪明",可以提供深层次、可执行的可视性,让我们了解不仅仅是过去,而且包括现在和未来发生的事件。[①] 在教育领域,在线学习课程中的机器智能应用可以模拟一对一辅导,跟踪学生解决问题的过程,了解他们的"心理变化",找出做错题目的原因,然后给学生提供适时的指导、反馈和解释。再如手机百度,现在已不用在很小的手机键盘上输入文字进行搜索,直接用语音输入,搜索的准确率更高、速度更快。

2017 年 12 月 20 日,雄安率先使用阿波罗(Apollo)无人驾驶车机器人,在雄安的马路上出现 10 款不同汽车厂商组建的阿波罗无人驾驶车队,包括无人公交小巴、无人轿车、无人 SUV、无人扫地清洁车、无人物流车……车身上都有"雄安·Apollo"标识,看呆了许多路人。展望未来,我们的城市和家庭都将被烙上"智能"!当我们忙完了一天的工作下班回家,坐上无人驾驶车,用手机开启家里的空调。回到家,不需要钥匙或按密码锁,只需要刷一下脸,门就开了!家中的灯感知到主人回来,自动调到合适的亮度。坐下晚餐时,对着电视机说:"今天有什么新闻?给我播放一下!"睡觉时,突然想起来忘记给车充电了,于是又拿出手机,下指令给爱车充电,根本不用跑下楼去。当无人车成为

---

① 刘兴亮,张小平,王汉华.智能爆炸[M].北京:机械工业出版社,2015:78—80.

道路主流，便没有了疲劳驾驶、醉酒开车、野蛮并线的司机、闯红灯等规章，安全系数大幅度提高。当夜幕笼罩时，马路上的路灯可按照光线自动调节亮度；晚上，人们可以安然入睡，不用担心火灾或是小偷，因为整个城市和社区都有各自智能"安保机器人"……这绝不是幻想，未来，我们的城市就是这样的一座智能化的城市！

　　总之，智能时代已来临，智能技术已全面爆发。我们劳技教师不能只是一个看热闹的旁观者，应该要把握时代脉搏，引领学生投身于这个令人激动的科技大潮！未来社会，需要智能技术，更需要具有会设计、会使用智能技术的人才。

第三节　整合劳技课程资源

劳技教师如何梳理、整合课程资源，将各课程间关联的知识与技能整合起来，有效地开展技术学习？教师如何运用丰富的课程资源，去拓宽教学内容，提高学生的学习兴趣？教师如何通过合作、探究等学习方式，让学生进行技能的创新，最大限度地培养学生的创新意识、创新思维？

初中阶段的劳技学习是小学、高中的过渡阶段，起着承上启下的作用，对培养学生良好的劳动习惯、正确的劳动价值观、理解技术和运用技术起着至关重要的作用。[①]劳技中心承担全区初一、初二两个年级一学年一次的劳技学习，通过一周学习，根据需求，学生能体验作品的设计、制作、评价、改进等技术活动的一般过程，理解技术设计的内涵、加工与制作的工艺过程，运用模仿、迁移、探究、创新等方法，提高在实践活动中发现、解决技术问题的能力；树立正确的劳动观念，乐于交流、善于合作、勇于创新，形成积极的思维及行为方式；正确认识技术与科学、社会、环境的关系，提高质量、效益与安全意识；能对技术进行客观的评价，建立正确的技术价值观。我们提出整合课程资源、拓展和延伸课程内容为途径，来激发学生学习劳技的热情和兴趣和提升他们的技术素养。

一、思考讨论，梳理课程资源

我们劳技中心在初中阶段设置了电工、编结、布艺、木艺、花艺、食品雕刻、数码摄影、微机技术8个项目，这8个项目所涉及的技术完全不同，各课程间也没有关联性。课程老师也没有想到自己的课程要与其他课程结合，来拓宽教学内容，发展学生的技术思维。下表是8个课程所涉及的学习内容，从表中可以看出一点，各课程很专业，所有技能都只涉及本课程，没有横向融合。

---

① 上海市教育委员会.上海市中小学劳动技术课程标准(试行稿)[M].上海：上海教育出版社，2005：30.

电工项目： ①电工： 安全用电；插头、插座的安装；简单照明电路的设计和安装；会用万用表检测元器件的好坏、电路的通断情况。②电子： 焊接技术；了解四种电子元件的单位、符号、分类、作用、特性等；完成一个电子光控小作品。

编结项目： ①中国结的基本制作方法。②灵活运用各种基本结的技能，组成千姿百态的结饰。③让学生设计制作，独立完成精美的中国结作品。

布艺项目： ①电动缝纫机的基本知识和操作技能。②学习手缝、机缝和刺绣的基本操作技能，运用所学的知识技能设计制作并作品。

木艺项目： ①少年木工机床的主要性能和使用方法。②利用机床对轻质木材进行锯割，并学会钻、人工打磨等手工操作技能。③综合应用知识技能进行木艺作品的创新设计与制作。

花艺项目： ①丝网花的基本制作步骤。②百合花、玫瑰、梅花、波斯菊等常见花卉的制作。③运用所学知识和技能进行创意制作。

食品雕刻项目： ①食品雕刻的基础知识和基本技能。②采用切、削、刻、戳、旋等常用刀法尝试雕刻。③运用所学的知识技能尝试设计制作作品。

数码摄影项目： ①数码摄影基础知识。②拍摄的技巧。③数码照片的后期处理。

微机技术项目： ①电脑主机内部各器件的拆卸和安装方法。②电脑外部设备的连接和电脑调试方法。③计算机基础知识、电脑选购与保养的基本知识。

我们课程老师通过备课组活动或教研组活动思考讨论： 找出学科间相关的知识和思想进行跨学科整合，综合处理课程间的横向联系。关联课程及相关资源详见表 2-3。

表 2-3 关联课程及相关资源表

课程	关联课程	相关资源
电工	智能技术	结合生活经验或所见所闻，与智能家居、无人驾驶、机器人的运用范畴等联系起来。
布艺	编结、花艺	过时衣物的再利用；作品的设计，用中国结和丝网花装饰布艺作品

课程	关联课程	相关资源
木艺	美术	畅谈木艺制品，如雕刻工艺；什么样的制品成为木艺工艺品；根据材料、需求、功能设计作品，能绘制简易草图。
花艺	编结、布艺、插花技术	用布、绳等其他材料制作各种花，与丝网花进行组合；结合插花技术，对制作的花进行设计、组装，并完成插花。
食品雕刻	美术、烹饪技术	用草图绘制盆饰花卉的布局，结合菜肴设计围边；不同食材的烹饪方法，与主菜的搭配等。
数码摄影	电工、微机技术	摄影的发展历程；数码摄影机的种类、保养技术，如何利用计算机编辑、处理照片；机器的排故技术。
微机技术	电工	电学基本知识，一般电器的排故方法；电子元器件的功能和特性；集成电路的功能与发展情况；智能计算机的功能。

梳理课程资源就是把资源的功能、关联性或者价值进行归类，老师通过梳理，才知道但凡与本课程关联的内容都可通过引用、整合，变成本课程的学习内容，拓宽了老师的思路，更打开了视野，为学生的劳技学习提供了广阔的前景。

二、 整合利用，开展技术学习

整合学习包括学科内的整合、学科间的整合、学科与生活的整合以及学习方式的整合。[1] 根据梳理的资源，将整合好资源运用到教学中，通过课堂教学、研讨等形式来开展技术学习。以电工课程为例，是集照明电路、家用电器、简易电子电路为一体的劳技项目，主要有三个板块组成： ①电工，主要学习安全用电，插头、插座的安装，简单照明电路的设计和安装，会用万用表检测器件的好坏、电路的通断情况。②家用电器： 主要了解名牌数据、使用方法、工作原理，学习简单的故障排除方法。③电子： 主要学习焊接技术，了解四个基本电子元件的单位、符号、分类、作用、特性等，并完成一个简易电子光控小作品。每个学生的家庭生活，离不开照明和家用电器。如今的照明灯

---

[1] 杨四耕.课程实施的 18 种方式[N].中国教师报，2017-12-27(012).

具，光线越来越亮，功率却越来越小，除了手控，遥控、光控和声控都进入了家庭；而家用电器基本都是电子产品，如电脑体积越来越小，重量越来越轻，功能越来越强大，特别是手机，容量越来越大，就是一台微型电脑。要让学生明白其中缘由，很重要的知识就是电子元器件的学习，由于是初中学生，不易涉及太深奥的电子知识，一般从常用家用电器切入教学。但照明是学生耳熟能详的，怎样整合资源，让学生学得快乐有兴趣，下面我就结合课堂教学做具体介绍。

自从电力照明走入家用以来，节能、舒适就一直是其发展的方向。近年来随着生活水平的飞速提高，人们对照明电路的控制要求越来越高。我国电网电压不是很稳定，频闪较大，对照明的效果、能源的节约、光源的寿命都有很大影响。① 所以，让学生尝试设计照明电路的自动控制是很有必要的，能提升学生对技术的理解。照明电路通常由电源、开关（控制器件）、导线、电光源组成。普通家庭一般都是平开关控制，楼梯过道灯有声控、光控控制；而灯具的选择，每个家庭都不同，款式、形状、大小、功率、品牌等等细节，这是学生所不了解的。我们在周一放学前布置好学习任务，让学生收集信息：开关的种类及结构、作用；灯具的种类、发展史等。周二通过学习单交流展示，并请学生阐述开关、电光源的发展历程，以及涉及到的技术。

电源，相关资源有电源的种类、作用；直流电、交流电的生产及传输方式；能源的合理使用；涉及的技术有电源线的识别与敷设。

开关，先罗列生活中用过、见过、听过的开关，使用场所或哪些电器上；根据开关用途、结构等进行分类。第一种拉线开关：外面是绝缘体，内部有两个电极、铁片、塑料滑轮、弹簧、铜叉片等。拉一下线，拨轮铁片向下运动，拨动塑料滚轮带着铜叉片旋转30度，第一电极便与铜叉片接触，电源就经电极1铜叉片输送到第二电极，开关连通，灯就亮。当松开拉线后灯泡保持亮，拨轮铁片在弹簧力作用下复位。再拉一下拉线，拨轮铁片又拨动塑料滚轮带着铜叉片旋转30度，使铜叉片离开电极1，相当于开关断开，灯就熄灭。第二种闸刀

---

① 全国安全生产教育培训教材编审组组织编写.高压电工［M］.江苏：中国矿业大学出版社，2018：30—31.

开关：这是一种手动配电电器，断路器的一种，是最经济但技术指标偏低的一种刀开关，都能实现电路的通断，在民用低压线路中的使用各有利弊。空气开关，则同时拥有过流保护和短路保护两项功能。家庭最常用的第三种是平开关，有单联和双联之分，单联开关有两个接线柱，双联开关有 3 个接线柱。第四种是声控开关、光控开关，声控开关，全称是声控延时开关，是一种内无接触点，在特定环境光线下采用声响效果激发将声信号转换电信号来控制用电器的开启，有整流、滤波、稳压三部分组成。当白天或者亮度大于一定程度时，光敏电阻阻值非常小，电路不工作；当黑暗无光的时候，光敏电阻呈现高阻值，此时，声控部分发挥作用。当声音信号传入，灯就亮。开关涉及的技术有开关的设计、材料的选择，智能家居技术。

电光源，可先讨论照明的发展史，大致经历了火把照明→蜡烛、煤油灯→白炽灯→LED 灯。在使用电能的照明灯具，有钨丝灯，这是利用导体自身的固有电阻通电后产生热效应，达到炽热程度而发光；第二种荧光灯，利用低气压的汞蒸气在通电后释放紫外线，从而使荧光粉发出可见光；第三种节能灯，这是一种紧凑型、自带镇流器的荧光灯；第四种 LED，是一种能够将电能转化为可见光的固态的半导体器件，被称为第四代照明光源或绿色光源，具有节能、环保、寿命长、体积小等特点。[1] 电光源涉及的技术有电能转化光能，不同灯具的材料、生产工艺、使用方法等。

导线，资源有导线的种类、型号、选择方法，不同导线的使用范畴，用电量与导线粗细的选择，根据用电器选择导线；家庭照明电路导线的选择。涉及的技术有导线穿管、线槽敷设技术，剥制、连接技术。

照明电路的控制器件和光源是设计、改进的关键，以上知识除了让学生自主学习了解外，我还请学生一起交流分享，以达到相互学习的作用。

在完成一控一灯、两控一灯线路后，请学生以小组为单位根据需求设计电路。如有的小组通过讨论，针对学校的走廊、过道、楼梯进行设计。原因：采用手动开关控制难以满足节能、方便的要求，本方案采用自动控制系统，建立人体探测模块，对人数以及位置进行探测，要保证光源有人则亮，无人则延时

---

① 王敏.智能照明技术实践教程[M].北京：清华大学出版社,2017：20.

熄灭。优势：不易受干扰，在公共场所中比声控、光控照明更具优势。有的小组对家居照明提出改进要求：客厅，区域较大，家庭成员流动性强，功能性较强，要求光线要明亮，灯具应用 LED，可以采用灵敏度高、精确度高、测量范围大的红外传感器自动控制电路较为合适；书房在家居中是学习、休闲的处所，它的区域人员流动性不强，要求有稳定、舒适的光源，可以采用光电传感器自动控制电路。

照明电路的改进，资源来自学生的生活经验、网络、学习资料、同伴，在设计、分析、安装中，融合了电工电子技术、上网搜集资料的计算机辅助技术，提升了学生对技术的理解和运用。再如布艺课程，结合学生看到过的各种款式的包，梳理功能、结构，对不合理的进行改造，请学生设计一款适合不同年龄或不同需求、不同场合等使用的包，整合了美术课程，融进了绘图技术。按照设计缝制包，使用什么针法技术，学生自然会思考，并实践完成，培养了他们的技术思维。

三、 实践创新，提升技术素养

当今时代，科技进步日新月异，知识经济迅猛发展，全球化、信息化步伐明显加快，这些变化对人的素养提出了更新、更高的要求。2016 年 9 月，中国学生发展核心素养总体框架正式发布，它以培养"全面发展的人"为核心，从文化基础、自主发展、社会参与三个方面，凝练出人文底蕴、科学精神、学会学习、健康生活、责任担当、实践创新六大素养。① 其中，创新是核心素养的核心。我觉得创新有层次之分，有"原创"和"再创"两种。在初中劳技设计、改进、制作作品的实践中，创新主要让学生在原有技能、技术的基础上实现个体化的再创，目的是为其将来进行社会化创新奠定基础。我们各课程教师在课堂教学中，把培养学生的创新意识、创新思维、创新技能和创新人格作为提升学生技术素养的四部曲。

---

① 北京师范大学. 中国学生发展核心素养[N]. 人民日报. 2016 - 09 - 14/2020. 10. 15. http://edu. people. com. cn/n1/2016/0914/c1053-28714231. html.

创新意识放首位。在课堂教学中，我们彻底改变传统的技能学习方式：模仿、跟着做或你说我做。我们注重激发学生的好奇心，鼓励他们对技能的操作方法、技术的运用等提出探究和质疑，呵护好学生的问题意识、质疑精神，使他们在成功中体验到创新的快乐，形成"怀疑→改进→创新"的模式。如布艺课程用平缝缝制手袋，线头很容易脱落和破裂，学生提出质疑："平缝是否适合于手袋的拼接？如不适宜，什么缝制方法更适合？"这时我们让学生查阅校本教材，了解包缝、来去缝不但牢固，而且也较美观。学生通过自主学习，提出其他改进方法，绘制手袋草图、编制工艺流程、制作方法，最后完成手袋的改进与缝制。

创新思维是关键。创新思维是思维的高级阶段，初中学生心智还未成熟，在劳技教学中，我们注重培养学生敏锐的洞察力、丰富的想象力、严谨的思考力、求异思维和发散性思维，鼓励学生质疑问难、对技术持有不同看法和主张，打破学生的思维定势，多角度、多方面地思考问题。美国教育家赫钦斯说："教育就是帮助学生学会自己思考，做出独立的判断，将来作为一个负责的公民参加工作。"[①] 因此，培养学生的创新思维是我们初中劳技教学的重点所在，通过创新思维能力训练，激发学生的创意灵感，使其终身受益。在木艺课程中，我们老师请学生观察各式飞机，提出在安全飞行的前提下，怎样使飞机运行能力增强，机翼与机身怎样牢固组装？又如电工课，请学生根据家庭、公共场所照明的不合理现象，提出改进策略、设计制作电路；对家用电器中微波炉的使用提出质疑，怎样减少辐射？如何安全使用？

创新技能是基础。六大素养中"实践创新"素养，把"实践"放在"创新"前面，可以看出实践对于创新的重要性。知识的内化和建构、创新精神和创新能力的形成，都离不开学生亲身实践。初中劳技课程以解决实际技术问题为途径，以与学生生活联系密切的照明、电子产品、电脑、摄影、木艺制品、布艺制品、食品雕刻、丝网花等为项目载体，通过根据需求开展设计活动，提高作品的个性化元素。在活动中，学生经历需求的产生、方案的设计、材料的选择、工具的使用、评价与改进等过程，掌握学习基本技术的方法，提高学生

---

① ［美］罗伯特·M·赫钦斯著,汪利兵译.美国高等教育[M].杭州：浙江教育出版社,2001：27.

运用所学的知识与技能解决实际技术问题的能力。如食品雕刻课程，菜肴围边的布局，根据不同的菜、碟子形状、食材，设计个性化的围边，并请学生展示，说出设计思路、主题思想、制作过程与运用的技能。

创新人格是根本。在设计、改进作品的过程中，不仅是智力活动过程，更是检验创新人格的过程。初中劳技教学的根本是培养创新人格，创新人格包括高度的社会责任感、顽强的意志、事业心、坚韧的性格、正确面对成功和失败及团结协作等方面。爱因斯坦说过："优秀的性格和钢铁般的意志比智慧和博学更重要，智力上的成就很大程度上依赖于性格的伟大。"由于现在的初中学生学习压力较大、学业较重，面临的更是残酷的竞争，在教学中，时常碰到有的学生不肯分享他的技术和智慧，使用工具也时常发生争抢，面对作品失败会把责任推到老师身上，成功了会沾沾自喜、大肆炫耀等问题。所以，我们老师在教学中应意识地培养学生的创新人格，提供交流展示、协作共同参与的机会。如电工课程，在设计两个开关控制一盏、多盏灯时，我们要求以同桌、小组为单位共同完成，并将是否善于合作纳入评分标准中。学生在设计过程，一起探讨电路功能、编制工艺流程、商议分工、动手操作等，都能积极参与，不再斤斤计较。每次劳技结束，学生在小结中感悟较深的就是分享智慧、合作完成的喜悦，这也进一步说明劳技课程为学生创造了其他文化课所没有的学习方式和氛围，对创新人格的培养起到了关键的作用。

课程资源来源于学生的生活，著名教育学家陶行知指出：全部的课程包括全部的生活，一切课程都是生活，一切生活都是课程。我们知道学生的生活是丰富多彩的，其中蕴含着取之不尽、用之不竭的学习资源。而劳动技术课程为学生在学习生活中搭建了一个平台。我们要充分利用这个平台，课程资源无处不在，用心去发现，密切联系学生的生活实际，创设生活中的问题情境，引导学生捕捉生活素材，探究生活中的一些现象和问题，学生在一周的学习中，就会改变对劳技的看法，自然而然地喜欢上劳技、积极动手动脑。资源的整合和有效利用，是提升学生技术素养的关键。

以电工课程为例，对 5 所学校 146 位学生进行了学前调查，详见表 2-4。

表 2-4　学前调查表

学前调查	A	B	C
1　学电工课程，你的报名方式是 A　自愿　　　B　班主任　　　C　喜欢的课程名额已满	43	42	61
2　你了解电工吗？（多选） A　不了解　　　B　知道有这项工作 C　家里有人从事电工工作	122	131	25
3　你觉得电工是怎样的一项工作？ A　又脏又累，没有技术含量，没有社会地位 B　很高端、很专业，技术含量高 C　不知道	109	12	25
4　你将来会从事电工工作吗？ A　不可能　　B　有可能 C　找不到其他工作的话，有可能	107	2	37

5	你觉得将来会从事什么工作？ A　工人　　B　演员　　C　教师　　　D　医生　　　E　律师 F　其他	A　4	B　64	C　26
		D　15	E　11	F　26

对 5 所学校 146 位学生又进行了学后调查，详见表 2-5。

表 2-5　学后调查表

学后调查	A	B	C
1　经过一周的电工学习，有没有改变你的看法？ A　有　　　B　没有　　　C　无所谓	135	0	11
2　经过学习，你觉得电工所涉及的技术、技能有趣吗？ A　有趣　　B　太难，很无聊　　C　不感兴趣	141	3	2
3　你觉得电工是怎样的一项工作？ A　又脏又累，没有技术含量 B　很高端、很专业，技术含量高 C　没有社会地位	0	146	0
4　你将来会从事电工工作吗？ A　不可能　　　B　有可能　　　C　找不到其他工作的话，有可能	3	131	32

5	你觉得将来会从事什么工作？ A　电工　　B　演员　　C　教师　　　D　医生　　　E　律师 F　其他	A　56	B　13	C　39
		D　21	E　9	F　8

从对学生学前、学后的调查中，特别是第 3 题，一周的学习完全改变了他们对电工、对技术的认识；从第 5 题可见，技术学习、技术素质的培养对初中学生的成长、成才至关重要，改变了他们对技术的态度，甚至改变了他们的价值观。一周，学生不但学到了知识与技能，更知道了技术需要精益求精的态度，养成对技术或产品的质疑、对新技术的接纳和主动学习的习惯。我们劳技教师在教学中，通过整合课程资源，指导学生掌握设计、制作与改进技能、作品的基本方法，提高他们乐于探究、敢于创造的勇气，使学生的创造潜能得到有效的开发，从而提升他们的技术素养。

第四节　提升学生技术素养

　　上海市劳技有统编教材，我们劳技中心有自编的校本教材。如何运用课程资源让需求不一、兴趣不一、能力不一的学生开心、自觉、全身心地投入劳技学习，我们可以在小学阶段倚重资源，通过家校联合、开心农庄、教学实践来开启学生的技术萌芽；在初中阶段整合资源，通过课程间整合资源、与其他学科整合来提升学生运用技术的能力；在高中阶段开发资源，通过开发校本教材、微视频和实验项目来提升学生技术素养。

　　劳动，需不需要技术？家长往往谈劳动、谈技术而色变，觉得劳动也好、技术也好都是非常低档的。这样的观点，导致劳动技术学习不受学生、家长欢迎和重视。其实，劳动通常分为脑力劳动和体力劳动两大类，是指能够对外输出劳动量或劳动价值的人类运动，是人维持自我生存和自我发展的唯一手段；而技术是人类解决社会或自然问题的手段，它的作用是保证社会生产正常进行或社会活动有序运行。纵观人类社会的发展，技术是人类文明的有机组成部分，也是经济发展和社会进步的重要推动力量，技术的发展水平反映了社会的发展水平。自 20 世纪 80 年代开始，世界上许多发达国家先后掀起面向 21 世纪的基础教育课程改革浪潮，几乎所有国家都开始将技术和生产劳动引进整个校内外活动之中，并成为整体课程设置中的内容。我国从 20 世纪 80 年代初正式开始使用"劳动技术"这个课程名称。在基础教育阶段，劳动技术是中小学生在教师的引导下，通过独立或者与他人合作，在设计、制作、使用、维修等一系列劳动体验和实践探究中学习技术知识、掌握技术操作、增强技术意识、提高技术素养的一门基础性课程。

　　劳动与技术教育是最具开发潜力、最易受科技发展影响、最能体现时代特征的开放性学习领域。在国际上，劳动技术课程已经成为一个包括劳作、手工、设计、家政、农业技术、工业技术、商业、职业准备等科目在内的庞大学科群。考虑到社会发展的进步趋势、现实生活的客观需要、学科发展的内在逻辑和学生身心发展规律，上海市在二期课改确立了劳动、家政、技术、职业准备等方面的教育内容，形成了既相互联系、又相互区别，既有一定独立性、又有一定渗透性的内容结构。同时，根据小学、初中和高中学生的特点，进行了课程的学段定位。小学阶段，主要培养学生良好的劳动习惯，会使用几种简单的劳动工具，具有初步的生活自理能力；初中阶段，要求学生掌握一定生产劳动的基础知识和基本技能，了解择业的一般常识，具有正确的劳动观点、劳动态度和良好的劳动习惯；高中阶段，主要使学生具有学习生产技术的兴趣，掌握现代生产技术的基础知识和基本技能，运用所学知识和技能进行自主创新和设计。

基础教育中的劳动技术项目是最基本的生活、生产方面的技术，覆盖面较为宽泛，技术含量也较为一般和通用。它与学生的日常生活联系紧密，引导学生融入技术世界，增强学生的社会适应性，强化手脑并用。另外，劳动技术教育是面向所有学生的，完成基本技术的学习是每个学生必修的内容。在课程的设置上体现了不同年龄段学习技术的层次，呈现循序渐进的状态，从"小学是技术启蒙阶段"，职业准备方面定位为"职业了解"；初中为"着重培养学生的技术素养和解决实际问题的能力"，定位为"职业引导"；高中为"着重于发展学生对技术的进一步理解，以提高其技术素养，使学生能正确的使用技术、客观地评价技术"，定位为"职业规划"。[①] 这样安排，更符合各年龄段学生的身心发展与认知规律。

何为技术素养？技术素养是指对科学和技术进行评价，并做出相应决定所必需的基本知识和能力。主要包含五个方面：①基础知识和技能的运用；②思考的能力；③交流的技能；④有品质工作的能力；⑤联系社会的能力。随着时代的发展和进步，技术素养已成为当今人们必备的基本素养。素养：平日的修养。意同"素质"指事物本来的性质。具体指的是人通过长期学习逐渐养成的涵养，并达到某一高度。[②] 劳动技术首次用"素养"这一词语是对课程进行了新的定位。技术素养与技术能力的概念相比，其内涵更为宽泛，包含的内容更多，其中含有劳动技术教育之外的功能，增强了技术教育的文化底蕴，提高学

① 上海市教育委员会.上海市中小学劳动技术课程标准(试行稿)[M].上海：上海教育出版社，2005：29—31.
② 吕鑫祥.上海市中小学劳动技术课程标准解读本[M].上海：上海科技教育出版社，2005：17—18.

生的整体修养，达到培养具有技术知识、创新思维、实践能力的一代新人的教育目的。

　　劳动技术课程的新理念是立足于我国的教育实际和社会发展的需要，在充分吸取他国经验的基础上，提出了在劳技教学实践中提升学生技术素养的观念。课程改革以此作目标，与时代发展相适应。技术素养是创新人才必备的基本素质，劳动技术课程为学生提供了实践、创新的环境。技术学习锻炼了学生的生活自理能力，为今后适应社会变革打下良好基础。在劳动技术活动中，让学生更加理性地看待技术本质，以更为负责、更有远见、更具道德的方式使用技术，以积极探究的姿态和一定的科学精神参与社会对技术的需求、参与技术创新的实践活动。由此可见，时代对劳动技术课程提出了新要求，我在 2015 年 12 月提出整合三个学段的课程资源，以提高学生的技术素养的想法，并付之于实践研究。三年里，我们立足松江劳技教育资源、设备设施和师资力量，在小学、初中、高中三个学段扎实开展课程资源整合，在专家的指导下，旨在通过课堂教学、交流学习等活动来提高学生的技术素养。

一、 小学劳技，倚重资源，提升技术素养

　　小学作为技术素养的启蒙阶段，着重于培养学生学习技术的兴趣，尝试基本技能的操作及掌握规范操作的要领。小学阶段的劳技课程主要有五个主题：纸质制品、金属丝制品、木质制品、简易电子电路、简易电子电路的应用。通过课程学习，知道身边若干常用材料的特性和用途，初步学会根据设想选择材料；学会使用一些身边常用的手工工具，合理安排制作步骤，完成简单的作品制作；知道一些简单的技术符号和图示；根据需求，设计制作一些简单的技术作品；学会对使用的手工工具进行简单维护。在实践中，能发现身边接触到的纸质、金属丝、木质等材料制品中存在的使用不便、不安全等问题，提出改进需求；能借助工具，感受不同的加工方法及制作工艺，总结出一般加工方法，通过使用或检测，对作品进行改进等。

　　小学生，对"技术"一词认识比较肤浅，所以我们提出"倚重"资源来提升他们的技术素养。"倚重"是看重并且信赖的意思，那么，小学阶段哪些资源

是值得我们劳技课程看重和信赖的呢？课题组老师在市专家的指导下，结合本区小学资源情况，通过交流、探讨，确定家庭、各类实践基地、劳技专用教室、其他学科等为我们倚重的资源，从而进行分工实践，取得了较好的效果。

1. **家校联合，感受技术魅力。**小学阶段的劳动技术课是以学生亲身实践、亲手操作、手脑并用为基础的，注重生生互动、师生互动和家校互动。小学生在学校劳动都比较积极，但是一回到家，可能就是小皇帝、小公主了，父母、爷爷奶奶、外公外婆都舍不得让孩子劳动。在中国当下的社会中，许多工薪阶层、收入并不高的家庭都把孩子当富二代养，除了满足孩子的奢侈要求外，还从不让孩子干任何家务。如何改变这种现象，让学生爱劳动，课题组老师认为首先得让学生体验劳动的乐趣，知道即使最简单的劳动也需要技术。我们以教材为本，选取孩子们喜欢的技能或作品，延伸到家庭实践，有效整合学校与家庭资源，让孩子体会到劳动带来的快乐和收获，技术给予的自信和成就。

五年级劳动技术的金属丝弯折课要求学生学会矫正、剪切、弯折、绞合等技能，设计一些作品。教师设计了一个环节：妈妈用筷子打蛋，速度慢又不均匀，请学生思考：你能设计一个使用方便而又简单的工具吗？需要什么材料和工具？学生会想到增加筷子根数，有的会联想到家里的打蛋器等。通过讨论、交流，再由老师布置任务，请学生设计由多根金属丝弯折而成的打蛋器。并要求学生回家用自己的作品尝试打蛋，请父母评价打蛋器的使用效果。打蛋器评价表见表 2-6。

表 2-6　打蛋器评价表

打蛋器			
姓名		班级	
金属丝根数		使用效果	
家长的评价（用√表示）			
外形是否美观		做工是否精细	

这样的劳技活动，学生参与度高，回家与父母一起实践，他们有一定的成就感。晚清名臣曾国藩所说："子侄除读书外，教之扫屋、抹桌凳、收粪、锄

草，是极好之事，切不可以为有损架子而不为也。"[1] 由此可见，培养学生的劳动观点，形成劳动习惯极其重要。如今已是 21 世纪，简单的体力可能不复存在，任何劳动都讲究技术、效率，打蛋器的制作，学生初步体验了劳动技术知识和技能带来的快乐和成果。

我们课题组小学教师注重在教学中从学校扩展到家庭，小学阶段涉及的劳动与技术有个人制作、生活小技能、社会活动等方面。个人小制作包括纸工、小木工、小金工、种植、养殖、编织、缝纫、刺绣等。生活小技能中包含一些手工制作，比如缝纽扣、做布垫等，让给学生做些力所能及的事。在教学中，引导学生在学校、家庭、社会活动中学会提出问题、分析问题和解决问题，从而获得积极的劳动体验和形成良好的技术素养。所以，这一教学目标的实现离不开各方面的通力合作，尤其是家校之间的联系和沟通。让家长知道，让孩子参与一些简单的、有一定技术含量的劳动，哪怕是简单的粘贴、缝纫，对其成长和发展是极其重要的。

2. 开心农庄，体验种植乐趣。松江区第二实验小学结合当前学生对网络游戏的依赖和喜好，学校根据实际情况、学生的劳动能力，开发了"开心农庄"实践园课程。孩子们大部分时间在教室里学习，很少在户外活动，特别是田间地头，体验不到耕种的艰辛和丰收的喜悦。开心农庄实践园提供了让孩子们有更加亲近、感悟大自然的机会，锻炼和提升了孩子的心理、心智和劳动能力。开心农庄的每一次劳动都是生动有趣和富有吸引力的，让学生感受到劳动的喜悦。

"开心农庄"种植活动根据季节果蔬安排播种时间，确定种植目标、种植内容，还成立管理机构，划分班级管辖地。各班对每位学生也进行合理分工，制定制度予以保障。劳技教师协同班主任布置任务，明确近期播种什么蔬菜，本班准备种植什么，种苗怎样培育，怎么施肥、上土、浇水、除草，哪个小组负责。

二实小践行让学生全面、阳光、健康发展的理念，鼓励每个孩子参与"开心农庄"种植活动，了解种植蔬菜基本常识，丰富成长和生活经历。通过种植

---

[1] 成晓军，唐兆梅.曾国藩家训［M］.重庆：重庆出版社出版，2006：15.

活动，每个学生能说出一些蔬菜、农作物的名称、生长特点等，懂得种植需要的环节，初步掌握一些种植技术，人人学会栽种一种植物，切实获取了一些亲身播种的体验。

开心农庄作为学生的实践探究基地，也是展示他们综合能力的重要场所。因此，我们一般请学生选择播种当令蔬菜，或者选择各年级教材中出现的植物，请学生自己收集各季节适宜种什么蔬菜，班级讨论确定种植品种，再购买种子，安排各小组种植任务。但学校农庄种植的植物毕竟有限，引导学生运用在学校中获得的种植经验，有条件的可跟随父母长辈前往农村、野外去观察、栽培植物，拓展他们的学习空间，提升动手能力。

种植活动的第二目的是通过种植技术来培养学生的合作精神，我们把各班的学生组建成几个"生产小队"，利用早晨、午间、放学后对农庄进行管理，如给植物松土、除草、施肥，及时施药防治病虫害。在劳动中发现问题，教师鼓励他们去图书馆、上网查阅资料、向爷爷奶奶请教等，再组织学生交流讨论、释疑解惑。学生从二年级到五年级，三年的种植实践，积累了很多经验和技术，如什么季节种植什么蔬菜，它们的种植方法、生长期、外形等等，整理汇集成表，学生能了然于心，或许比他们的父母还知道得多！部分蔬菜播种方法、播种期、生长期和外形见表 2-7。

表 2-7　部分蔬菜播种方法、播种期、生长期和外形表

蔬菜	播种方法	播种期	生长期	外形
白萝卜	穴播法	3—10 月份	50—100 天	长圆形、球形
荠菜	撒播	3—11 月份	20—30 天	主根瘦长，叶羽状分裂
南瓜	点播	2—10 月份	80—120 天	扁圆形
刀豆	穴播法	2—9 月份	30—50 天	形状像刀
生菜	撒播	全年	20—30 天	叶片长圆形、全缘、有锯齿
大白菜	育苗移栽	9—10 月份	50—60 天	主根粗大，侧根莲座状
菠菜	撒播	8—12 月份	20—30 天	根圆锥状，叶戟形至卵形
黄瓜	育苗移栽	3—9 月份	30—50 天	长圆形或圆柱形

蔬菜	播种方法	播种期	生长期	外形
芹菜	撒播	8—12 月份	20—30 天	茎叶成伞形
西红柿	育苗移栽	4—7 月份	90—120 天	圆形

3. 教学实践，开启技术萌芽。小学阶段，语数外、自然常识、科学探究等学科为我们劳技提供了丰富的课程资源，我们劳技教师善于挖掘其中与劳动技术有关的资源，并倚重这些资源，开启学生的技术萌芽，为初中学习劳技埋下兴趣的种子。例如：《调光台灯》一课，其中一个环节是把小电珠、电池盒等固定到一块薄木片上，可选择螺丝或双面胶固定，固定的牢度作为动手操作的技术点。学生通过实践，发现固定虽简单，但技术不过关导致作品无法"站立"、"摇晃"等现象。怎样才能使"台灯"平整、不摇晃，器件布局合理是关键。通过滑动笔芯上的铁片达到控制光线的强弱是学生思考、探究的问题，大家一起探讨电阻的作用，改变阻值大小就能改变台灯的光线强弱的原理等等。还如四年级语文有一篇《蝙蝠与雷达》文章，我们木艺课借助课文提供的信息，让学生收集蝙蝠的外形特点，用美术知识绘制草图，自主设计蝙蝠的造型，并用木艺的切割、打孔、打磨、粘贴等技术完成制作。其次，老师提供雷达的照片，请学生思考用什么材料可做雷达？将语文素材与金属丝弯折技术整合起来，学生既加深了对课文的理解，又激发了他们自主设计的兴趣。再如四年级第二学期，恰逢元宵节，我们想到了利用这个传统节日，请学生讨论如何制作花灯，先确定造型，动物、花卉还是几何立体形状。确定后绘制草图，估算作品所需的钢丝长度与数量，再利用金属丝弯折构建出花灯的轮廓。制作中，允许学生单根、双根、多根铁丝进行连接。完成框架，用宣纸或其他透明类的纸糊在花灯框架外，最后彩绘装饰点缀，一盏盏形状各异、绚丽多彩的漂亮花灯诞生了。又如五年级语文有一篇《飞夺泸定桥》的文章，老师先请学生描述战士们的不怕牺牲、英勇奋战的经过，再问学生："泸定桥是一座什么构造的桥？长、宽各多少？如果我们用木片，你按多少比例制作？"

在小学劳动技术教学中，我们老师通常利用语文素材进行作品的拓展和延伸，学生在学会了基础性的加工技术后，能自主选择材料和设计作品，锻炼了他们使用工具、自主选择材料的能力，更提升他们运用语文素材进行加工变实物的能力。学生通过自主设计创新，整个班的作品不再千篇一律，有利于学生相互间评价、鉴赏和取长补短，将学科知识转化为劳技作品，学生的兴趣非常高。让学生把作品带回家，得到家长的赞誉，更能改变学生的劳动态度，潜移默化地培养了他们的劳动兴趣和技术思维。

小学阶段的劳技资源，大部分来源于学生的家庭、学校、课堂，与学生的生活息息相关，熟悉的资源让他们感到亲切，会以最大的热情付之于学习和行动。丰富的课程资源，让学生在劳技课程学习中巩固了学科知识和技能，也最大限度地提升了他们的技术素养。倚重学生喜欢的、熟悉的资源，也是课题研究整合资源的关键。

二、 初中劳技，整合资源，提升技术素养

初中学段对小学与高中阶段的学习起着承上启下的作用，着重于培养学生基本的技术素养和解决实际问题的实践能力。[①] 纵观人类社会的发展，技术是人类文明的有机组成部分，也是经济社会发展和社会进步的重要推动力量，技术的发展反映了社会的发展水平。[②] 劳动技术把劳动教育与工农业生产技术、生活劳动技术结合起来，既有利于促进学生德智体等方面的全面发展，也为他们将来就业做一定的准备。初中劳动技术教育是以学生获得积极的劳动体验、形成良好的技术素养为基本目标，以操作、设计为主要学习方式，培养学生探究、批判精神和创新思维，注重技术思维的开发，提高学生的技术素养，为高中的技术学习打下扎实基础。

"整合"就是把一些零散的东西通过某种方式而彼此衔接，从而实现信息系统的资源共享和协同工作。整合的精髓在于将零散的资源组合起来，并最终形成有价值、有效率的一个整体。初中劳技统编教材有纸工、绳结、金属制

---

① 上海市教育委员会.上海市中小学劳动技术课程标准（试行稿）[M].上海：上海教育出版社，2005：30.
② 上海市教育委员会.上海市中小学劳动技术课程标准（试行稿）[M].上海：上海教育出版社，2005：25.

品、布艺、木艺、食品雕刻、植物栽培、植物造型、电工技术基础和电子技术基础，劳技中心开设的有电工、木艺、布艺、编结、食品雕刻、摄影、花艺和微机技术，涉及的有传统手工技术、数码技术和电工电子技术。初中阶段劳技主要将两种及两种以上的学科资源整合在一堂课中进行教学，我们主要通过各课程间整合、与其他课程整合达到完成一个项目、一个载体、一个内容的教学。

1. **课程项目间整合，提升技术应用的能力**。我们全区初一、初二两个年级，每学年各来劳技中心学习一次劳技，其余在本校完成。由于社会和家庭都普遍存在重学业、轻劳动的现象，学生的劳动观点很薄弱，一部分学生甚至讨厌劳动，一部分学生认为劳技学习是浪费时间，还有大部分学生把劳技当做紧张学习中的休憩，他们对劳动、对劳技课程存在着误解。如电工班的学生，90％以上认为这是个低端、没有技术含量的职业，长大了不可能做电工；布艺班的学生大部分是女生，但她们都认为自己长大了不可能做裁缝师傅或当流水线上的缝纫工；食品雕刻班的学生认为雕刻是一项家务活，烹饪中的菜肴装饰充其量也是服务行业，没有出息、没有地位……基层学校的劳技由于实行一周一课时的教学安排，每项技能学习跨越时间大，前一周学的技能到下一周就可能忘了，有的学生甚至把未完成的作品丢弃了。

针对学生对劳技课程的态度和想法，我们课题组老师通过教研活动、讲座等形式，改变劳技中心教师、基层学校劳技教师的课程观，引导老师学习课程资源的整合方法和策略，通过丰富课程资源，以最扎实的技术、富有挑战的作品来吸引学生，让劳技课程更灵活、更鲜活，学生学得快乐、有收获！各课程老师通过学前动员，让学生踏入课堂的第一课就改变对劳技的看法，如电工课程，老师问："你知道电工是一项怎么样的工作？你将来可能从事电工工作吗？电工和银行职员，谁先淘汰？"布艺课程的问题是："你喜欢个性化的饰品、衣物吗？手工制作与流水线制作的衣物，你更喜欢哪个？著名的服装设计师皮尔卡丹，你知道多少？"微机技术课程的问题是："第一台计算机诞生于哪一年？有多重、多大？穿戴技术指什么技术？"食品雕刻课程的问题是："增加菜肴的色香味，除了调味品，还需要什么？你觉得家庭菜肴与饭店的菜肴最大区别是什么？黄瓜、萝卜除了能食用，还能用做什么？"通过问题讨论交流，让学生初步了解本课程的学习内容，涉及的技术。

　　只有让学生了解了本课程的价值与地位，改变学生不愿学、不想学的态度，我们整合资源进行教学才能顺利高效地开展。如电工课程，在学生的观点中，电工就是背着挎包替居民修灯、修电器的，这种活既脏又累，没有社会地位，是最低端的工作。学生来电工班学习是极其不愿意的，可他们的学习、生活又与电工、电子产品息息相连、密不可分。所以，转变学生对电工的看法是提高他们学习电工兴趣的关键，课程老师问："为什么现在的电脑、手机越来越轻、体积越来越小，而容量越来越大、功能越来越强？"学生惊讶得很，觉得这与电工有啥关系？我们顺势介绍本周学习的一大板块就是电子技术，基本电子元器件的原理、特性、运用等，而将元器件的大规模集成是现在的电脑、电视机、手机、收音机等电子产品体积小、重量轻、寿命长、性能好、成本低的关键所在。再问学生："IC芯片，知道吗？"有机地将微机技术课程的知识整合到电工课程，极大地激发了学生学习的积极性，更转变了对电工的片面认识，一周的电工学习，变得快乐又主动。又如布艺课程，主要有三个模块，电动缝纫机的基本知识和操作技能；手缝和刺绣的基本操作技能；运用所学知识和技能设计制作作品。布艺课程的主要作品是布袋的设计与制作，老师分三步完成课程：运用裁剪技术，请学生根据布料的质地绘制包的大小、款式并裁剪；机缝、手缝与刺绣融合，先在布袋上描花样，绣上各种花卉、动物图案等，再缝制手袋；在手袋绳子的设计与制作中，与编结课程的中国结整合，让学生编制各种款式的带子，通过穿或机缝将绳子固定到手袋上。一只只个性化的布袋，融合了机缝、手缝、刺绣和编结技术，增添了美感，也提高了动手能力、设计能力，培养了学生综合运用技能的能力和创新思维。学生在设计制作过程中，热情高涨，转变了学生对布艺这类传统课程的看法，布艺不再是落伍的、没技术含量的。

　　初中各劳技课程都可以通过整合资源来提高学科的技术含量，微机技术与电工整合、编结与花艺整合、摄影与微机技术整合等，在本课程中融合了其他课程的资源和技术，让学生学到更多的技能，体验更多的设计与创新，明白只有技术才能推动产品、工艺的发展，才能提升他们应用技术的能力。每周，不同学校、不同年级学生撰写的劳技小结中反映，本来他们来劳技中心学习最大的快乐是因为不用写那么多作业、上那么多语数外课，而一周后的体会则是能学到那么多知识与技术，这才是最大的快乐。

2. 与其他学科整合，提高学以致用的能力。随着经济的飞速发展，社会对人才的要求是"高素质、全面发展、一专多能"①。伴随着素质教育的深入，劳动技术作为素质教育的一部分，也得到了社会、教育界、部分家长的认可。但是，如果要让我们的学科真正得到学生的欢迎，我们老师必须勇于打破学科边界，以丰富、精彩、多维度的课程资源来吸引学生。新课标也提倡要拓宽学科学习和运用的领域，加强学科间的横向联系。学科突破界限，整合课程间的资源，如电工课跨界到物理课、历史课、语文课，木艺课跨越到美术课、历史课，食品雕刻课跨越到生物课、烹饪课等，最后又回归到本课程。通过"课程、技能、理想"来突破课程界限，提升学生学以致用的能力。

作为劳技教师，往往都对自己的学科有个明确的定性标准，分工、分科的意识很严重。就如某一课程的主题班会课上，学生要求老师表扬一个节目，唱歌或跳舞，这位老师说："我是劳技教师，怎么可以唱歌跳舞呢？"是啊，劳技教师若真的又唱又跳了，就不像劳技教师了。说到底，是劳技老师对自己做了个定位：只能讲知识技能，而唱歌跳舞是音乐老师的事。如果劳技课上成唱跳了，那这课就不伦不类了！这样的思维很普遍，若电工老师冒出几句古诗词、微机技术课讲商品的购买策略、布艺课来一场走台秀、木艺课讲美术绘画，这堂课还是劳技课吗？学生会不会误解？事实上，在本课程中融入其他学科资源，能促进学生的思维敏捷度，提高学生的学习的兴趣，更能提高学生学了技能后学以致用的能力。如电工课程"生活中的电"主要包含电的种类、电的来源、发电种类、电的生产与储存、节约用电等。老师以"今人梳头，解著衣时，有随梳解结有光者，亦有咤声"拉开了学习电学知识的帷幕。这句话说的是晋朝时关于摩擦起电引起放电现象的记载。当老师把这几句文言文念念有词地说出来时，学生的眼睛瞪得大大的，在他们看来，一个电工老师怎么可能懂文言文呢？太匪夷所思了！老师向学生解读其中的意思，翻译成白话文意思是："今天有人梳头发、脱衣服的时候，随着梳子的滑动、脱衣服的动作有光出现，并伴随着噼里啪啦的异样声音。"一起描绘古人梳头、解衣发生的场景，请

---

① 奚玲.21世纪我国社会对人才素质的要求[D].辽宁师范大学学报,1999.05.

学生探究其原因。从摩擦生电过渡到静电，再到闪电、直流电、交流电，请学生思考它们的性质是否一样？科学家怎么从静电、闪电中发现电的性质，从而发明了直流发电机和交流发电机？顺利引入到电的来源、发电种类，再探讨哪种发电最环保、最绿色？哪种发电最危险？哪种发电受天气、地理地质环境的影响？为什么要高压输电？我们居民用电是多少伏特？怎样才算是正确合理的节约用电？古文导入、问题引领，再回归到电工课程，让枯燥的电学知识变得生动形象，激发了学生学习电工的兴趣，从而爱上这门课程。

跨学科融合能力并不意味着对分学科教育的全面否定，而是鼓励学生在学科之间寻找、发现问题，并利用学科间的相互整合以解决知识困惑、技术问题。即事先依据一些源于学生生活的现象，确定一些学习或研究主题，然后围绕特定的主题，将横向的不同学科知识融入新的课程模块，并以这样的课程模块为载体实现跨学科教学。

在人类认知世界或认识现象的过程中，最自然和本能的方式并不是将学科分离再进行认知，而是融合多个学科共同去发现和解答一个存在疑惑的现象。跨学科融合的教学方式更适合初中劳技，因为初中学生的思维最活跃、知识储备也较丰富。

3. 初中劳技＋互联网，提高自主学习的能力。 2017 年 1 月 19 日，国务院下发了《国家教育事业发展"十三五"规划》，其中突出强调积极发展"互联网＋教育"，全力推动信息技术与教育教学的深度融合。[1] 互联网教育是指把信息技术手段有效应用于教育领域（教育管理、教育教学和教育科研），通过对教育信息资源的开发和利用，全面深入地促进教育改革与发展。[2] 其技术特点是数字化、网络化、智能化和多媒体化，基本特征是开放、共享、交互、协作。相较于传统模式，互联网教育具有信息传递快、信息量大、信息成本低优势。

传统教育是指一所学校、一位老师、一间教室；而"互联网＋教育"需要一个网络、一个移动终端，学生可以任意挑学校、老师。从教学手段、教学方

---

① 国务院关于印发国家教育事业发展"十三五"规划的通知国发〔2017〕4 号．[EB/OL]．2017 - 1 - 10/2020 - 10 - 15．http：//www. gov. cn/zhengce/content/2017-01/19/content _ 5161341. htm.
② 秦虹，张武升."互联网＋教育"的本质特点与发展趋向[J]．教育研究，2016(6)：8—10.

法、教学过程到教学内容，乃至教育观念和教育目的都会发生全方位的深刻变革，其本质是将碎片化的知识进行重构。微课、慕课、翻转课堂、手机课堂便应运而生。本课题组老师在初中劳技教学中初步尝试了慕课（Massive Open Online Course，简称 MOOC 或慕课），在市专家指导下，与北京创先泰克科技有限公司合作，开展了在线开放课堂，开放了《晶体三极管》《电容器》《手机支架的设计》三节课，取得了较好的效果。

互联网教育的核心内容是教学信息化，使教学手段科技化、教育传播信息化、教学方式现代化。我们在平时的课堂教学中也初步尝试利用互联网手段来提升学生的技术素养。如在电工《焊接技术》这一内容的学习中，布置学生上网观看机器人焊接、波峰焊接、手工焊接等视频，了解焊接在电子产品、桥梁、高楼中的作用，观察焊点的质量并概括。学生对焊接有了直观认识，更知道焊接不是一项简单的劳动，需要过硬的技术，否则将会造成不可弥补的损失或灾难。当学生拿起电烙铁，不再轻视和任务观点，严格按照焊接步骤操作。当他们完成一个个高质量的焊点，心中的愉悦之情溢于言表，也更懂得技术需要严谨和科学的态度。还如我们初中微机技术课程，主要让学生了解电脑由软件系统和硬件系统组成，会进行内部各器件的拆卸和组装，学会调试、选购和保养等。电脑的硬件系统有处理器、主板、内存、显卡、声卡、硬盘、主机箱、显示器、键盘、鼠标；软件系统有操作系统及其他应用软件。

2018 年 4 月 16 日，各媒体报道中兴因违反美国政府的"制裁禁令"，美国商务部已禁止美国企业向中兴公司出售零部件产品，期限为 7 年。老师让学生上网查询，美国哪些公司禁止出售给中兴什么部件，有无国产部件可替代，请进行归类。部件所属公司、采购的部件及国产替代情况见表 2 - 8。

表 2 - 8　部件所属公司、采购的部件及国产替代情况表

部件	公司	采购的部件	国产产品替代
终端	高通	智能手机处理器（骁龙系列芯片）	可用华为麒麟代替
	美光（Micron）	NAND，DRAM	无
	赛灵思（Xilinx）	BTS 使用的 FPGA 芯片	无
	博通	交换机芯片，手机机带芯片、 RF	无

部件	公司	采购的部件	国产产品替代
主设备服务器	英特尔（intel）	Xeon 芯片模型	国内替代性很低
	甲骨文（Oracle）	数据库	无
	ACIA	40—400 G 光模块	无
	奥兰若（Oclaro）	40 G QSFP＋、 40 G CFP、 100 G CFP 系列、 100 G QSFP28	无
	鲁门特姆（Lumentum）	磷化铟激光器（inP）、光子集成电路（PLC）和相干器件模块	无
光器件	菲尼萨（finisar）	光纤收发器、光引擎、 ROADM 和 WSS 波长管理器、光放大器和光载射频模块等	无
	Inphi	100 G 光模块	无
	新飞通（Neophotonics）	相干接收器、超窄带可调激光器、100—200 G 模拟相干收发器、 100 G POADM	无
	AAOL	1.25 G、 SFF40—100 G 光模块	无

在微机技术课上，老师结合当前的形势，让学生了解"核心技术""中国芯"的重要性。没有核心技术，我们只能受制于人，如果自己不搞研究，那我们的电子设备生产就会过于依赖进口。中兴通讯是全中国第二、全球第四大的电信通讯设备生产商，可美国的一道禁令，就能立即让中兴陷入休克。除了中兴，中国的企业，如果像中兴这样依赖美国技术走全球采购的道路，就会失去主动权，陷入美国绞杀中。只要美国想封杀，还会有第二个中兴、第三个中兴……

通过"互联网＋"教育，不但对课程资源进行了重新配置和整合，极大地提升和弥补了教材资源，更帮助学生正确认识新时期国内外形势，增强了使命感和紧迫感，深刻领会到面临的历史性机遇和挑战。这种教学方式为学生提供了方便、灵活、个性化的信息资源，提高学生学习技术知识的兴趣，树立一定的职业理想。在以信息技术为核心的知识经济时代，慕课也好，网络资源也好，都能实现传统教育和信息化教育的优势互补，着力打造松江的"智慧教育"，提高学生自主学习的能力，有利于老师、学生跨区域、跨时间开展合作学习和探究学习。

初中阶段，劳技各课程间、劳技与其他课程进行资源整合，再结合互联网打造我们的课堂教学，让初中学生参与技术的学习、操作、改进，切实提高了他们的动手能力和技术素养。

三、 高中劳技，开发资源，提升技术素养

高中阶段的技术学习，既不是传统意义上的职业技术教育，也不是工科院校开办的高度专业化的教育，它是在基础教育阶段普通学校进行的技术教育，但在三个学段中技术含量最高、要求最高，对学生的未来职业规划有一定的影响和帮助。我们的学生生活在科学技术瞬息万变的时代，不断变化的新技术对人类生产和生活的影响将更加广泛、深刻和迅猛。国际社会普遍认为，技术教育是未来社会成员基本素养的教育，是开发人的潜能、促进人的思维发展的教育，是人人都必须接受和经历的教育。高中学段着重于开发课程资源，促使学生进一步理解技术、正确地使用技术、客观评价技术，以提高其技术素养。

"开发"的意思是通过研究或努力，开拓、发现、利用新的资源或新的领域。传统教学观念，统编教材是唯一的课程资源，本课程组老师打破传统课程观，提出开发课程资源，以满足学生的需求。课程资源的开发，必须改变对课程资源研究的忽视态度，走出僵化的课程资源思维定势。课程资源观的转变，能改变课程开发者和教师对课程性质的看法，使课程由狭变广、由静变动。① 课程不再只是学科的总和，而是学科、学生、生活、社会的有机整合。开发课程资源的依据是以学习为本，有利于学生开展"自主、合作、探究"学习。我们也不一味地追求数量，忽视其质量，做到： 一能适合学生的需求，二能激发学生的学习兴趣和学习欲望，三能使资源中的技术富有时代气息。我们明确开发资源和利用资源的关系，开发是为了利用，而不是为了引起大家的关注，要有实际使用价值，并将其落实到教学中，做到开发和利用相统一，使用

---

① 范蔚.实施综合实践活动对课程资源的开发利用[J].教育科学研究,2002,(3)：45—48.

频率和效益相统一。本课题开发资源主要从开发校本教材、微视频和实验项目三方面进行。

1. 开发校本教材，满足学生需求。 2007 年 4 月起，劳技中心就全面启动了校本课程的开发。老师根据课程标准、统编教材开发了金工、电子技术、模拟驾驶、实体设计、机电一体、数码摄像、 PLC 七门校本课程，并于 2009 年 9 月正式启动。但是随着技术和时代的发展，十年前开发的课程资源已不能满足学生的需求和个性发展，劳技中心于 2015 学年提出改进、更新已有课程资源的要求。松江二中学生在本校完成劳技学习，二中为高一、高二学生开设了电子技术和实体设计课程。下面以实体设计课程为例，课程老师根据课程标准和学生需求是如何开发课程资源的。

上海市高中实体设计项目在 2016 学年起用 Inventor 软件替代 CAXA 软件，课程老师对来中心学习的高中学生进行了需求调查，让学生对课程内容提出宝贵意见。再通过问卷调查，了解学生希望的活动主题、组织形式等，为开发实体设计校本课程奠定基础。结合学生需求与新软件的特点，开发了贴合学生学习和生活的载体，有手机支架、钥匙扣、笔筒、酒杯、马克杯、花瓶、滑板、课桌、摩拜单车等，让学生在三天的学习中，体验设计的过程，运用软件进行实体建模，再装配渲染，对优秀作品进行仿真运动、测试与应力分析，还可将其 3D 打印出来。开发组还设置了拓展内容，让学生根据需求，运用已学的技能知识进行创新作品的设计。如学生设想设计钢琴、智能书架、机器人等作品，老师请学生通过收集资料、结构分析、方案设计、编制方案、设计优化、技术尝试、交流分享、修缮改进等一系列活动，高质量地完成作品。经过这样的技术设计过程，提高学生参与技术活动的能力和动手实践的能力。两年来，老师通过教学实践，不断完善和调整教学内容，使教学真正符合学生发展的需要。

学生的兴趣、需要以及发展是课程资源开发的前提，同时也是课程资源开发的目的。研究学生的兴趣爱好、活动规律，以确定学生的兴趣点，从中总结出能激发学生强烈求知欲的项目内容，如运用旋转特征和拉伸特征设计杯子，我们的载体由高脚酒杯、马克杯到随行杯，学生可以根据自己的爱好来选择作品。我们还结合学校的实际和学生的具体特点，选择能够促进学生发展的素材。如学生很喜欢滑板运动，我们就选择滑板的设计与制作，包含款式的设计、零件材料的仿真测试等。劳技中心因每周的学生不同，所以我们开发的课程资源完全根据学生当前掌握的知识技能和素质水平、能力差异来定制，充分体现了以学生为本的理念。

2. 开发微视频，提高教学效益。 微视频，又称视频分享类短片，是指个体通过个人计算机、手机、摄像头、数字摄像机（DV）、数字照相机（DC）、视频播放器（MP4）等多种视频终端摄录、上传互联网进而播放共享视频，其短则 30 秒，长则不超过 20 分钟。微视频具有"短、快、精"的特点，课劳技微视频不同于其他学科，应根据教学内容、学生需求制作，时间控制在 1—5 分钟，能帮助学生解决学习中重点、难点，或能帮助学生开展自主探究学习、提高解决问题的能力。微视频因其短小、精炼、灵活、图文声并茂，可适用于导入、新授、实践、拓展环节，解决能力不一、兴趣不一、观念不一的学生对技术学习的途径和方法，提高教学效益。我们对微视频的制作注重以下几点：

微视频要短小。现在的学生生活节奏也都很快，他们喜欢短小的碎片化的素材。传统的视频总是将一个技能操作的过程完整地拍摄下来，如金属加工中的锯削，一般需要 20 分。而采用微视频的话，只需 3 分钟，演示正确的站姿、握锯的手势、落锯的点、起锯、运锯、收锯等一连串动作，简单明确，学生看了，一目了然，将锯削步骤、动作要领铭记于心，省时省力。

微视频要幽默。如今的学生学业较重，如电子技术中，色环电阻的识读，若让学生背黑 0、棕 1、红 2、橙 3、黄 4、绿 5、蓝 6、紫 7、灰 8、白 9 会很反感，老师通过 2 分钟微视频讲述一个故事：一个穿着黑领（黑 0）衣服的人来到棕叶（棕 1）树下，两个脸颊红红的（红 2），衬衫（橙 3）很脏。啊，好累呀，让我休息一下吧，此时他抬头看到远处山上都是黄柿子（黄 4）和工程队的队员，原来他是落伍（绿 5）了，难留（蓝 6）在树下休息了，他马上拎起一桶紫色的漆（紫 7），脸由红变成了灰白（灰 8），另一手拎起一瓶白酒（白 9）去追赶前面的队伍了。学生在看这个微视频时，总会发出爽朗的笑声，活跃了学习气氛。学生在笑的同时，简单快速地记住了颜色与数字的关系，节省了识读色环电阻阻值的时间，提高了学习效率。

微视频要生动。生动形象的微视频能吸引学生的注意力，若配有老师声情并茂的解说，更能激发学生的学习兴趣和热情。如在实体设计运用旋转特征、拉伸特征等制作随行杯教学中，我们老师结合时政、环保等要素将不同款式、不同材质、具有个性化的随行杯一一呈现，并配上文字说明和老师的解说，用最少的时间完成随行杯特点、结构、功能的介绍。当学生看到款式新颖、外壳装饰凹凸有致、图案色彩丰富的随行杯时，他们也想设计一款属于自己的个性化作品，创意会十足。

实体设计、机电一体、数码摄像课程更具有灵活性，因学生每人或两人一台电脑，老师将技能操作步骤、分解动作、制作要点等视频通过内网发送给学生，当学生在实践中碰到难题了，可自行打开微视频观看。在课堂上播放的微视频能节省教授知识、技能的时间，若学生课后还想进一步学习、探究，我们劳技教师将制作的、网络下载的、软件公司提供的微视频资源收集整理，每个课程建立一个资源文件夹，放在学校局域网内，供学生通过终端设备随时访问下载。微视频给学生解决技术难点、继续学习都提供了途径，也给那些有兴趣的、动手能力强的学生更多的创新实践机会，促进了学生个性发展，也促进了课程建设与发展。

3. **开发实验项目，提高创新能力**。松江二中是"上海市普通高中学生创新素养培育实验项目"成员单位之一，二中除了开设电子技术、实体设计课程外，还建有创新实验室，专门设置了单片机、机器人等创客空间，供学生创新设计和动手实践。学校在"十二五"发展规划中对劳技实践项目有一系列的阐述，要求教师开发劳技课程资源、自编校本教材等，将二中学生的劳技学习开展得如火如荼。在周课时不变的前提下，精选反映学科核心知识和价值的内容作为实验项目的教学内容，实现课堂由"有效"到"活力"再到"智慧"的转变，满足不同学生自我发展需要。二中还深化学生社团与研究型课程整合，加快了机器人实验室、汽车模拟驾驶实验室、单片机数电模电实验室的建设，并提高资源的利用率，充分发挥其在培养学生创新实践能力方面的重要作用。

二中劳技教师树立生活即课程的理念，加强合作开发，启动了学校 ESAS 课程——"科创启迪"项目，将学校课程与"松江 G60 科创走廊建设"紧密结合，与清华启迪园合作。如面向创新素养培育的 E-SA-S 课程设计，形成了学校特色。李捷老师在《定时器控件在 VB 环境中的应用》这节课中充分运用了"面向对象的程序设计"教学方法，通过探究学习后能正确使用定时器工具，并能根据项目设计要求向窗体中放置该控件，在理解定时器控件 enable 属性、interval 属性作用的基础上，掌握窗体级变量的使用方法，初步学会建立一个可实现任意时间定时控制（以秒为单位）的应用程序，体现"所见即所得"的直观效果，强调了学生的主体性作用，体现主体性、体验性、混合式、做中学的跨学科的 E-SA-S 综合创新实践课程的教学理念，提升了学生的技术素养。老师的实践、学校的倡导，二中的创新实验室已成为学生最喜欢的地方，单片机、数电、模电实验室的创建案例已入选上海市高中专题创新实验室案例集锦，平台建设逐步充实，教育资源被进一步激活，实验室育人功能逐步凸显，学生创新意识和能力不断增强。据初步统计，近两年学生在市级及以上各类活动中获奖 348 人次。

高中阶段，学生的自主学习能力较强，对技术有一定的质疑能力，心智发展也趋于成熟，我们提出开发校本教材、微视频、实验项目等来整合资源，让学生有更多的设计、创新时间，真正满足了学生对技术的渴求，提高了他们的技术素养。

总之，我们松江劳技教育得到了教育局的支持和肯定，也汇集了全体劳技教师的智慧和力量，逐步形成了独特的办学特色，打造了每年一度以劳技竞赛、劳技成果展等劳技节系列活动，集交流、探讨、提高、展览、评价等多功能于一体的交流展示平台。

一是劳技竞赛，成绩斐然。

在每年 3 月下旬举行的区劳技竞赛中，全区所有学校组织劳技优秀学生参加，分小学、初中、高中三个学段，通过规定项目、规定时间进行竞技，每年约有四百多人参与。

2016 年 3 月 26 日上午，松江区中小学生劳技竞赛在区劳技中心举行，竞赛以"劳技，播种希望，放飞梦想"为主题，通过八个项目的比拼，体现劳技实践性、综合性、创造性。小学组的竞赛项目是手工制作和手工木工，学生根据图样要求设计作品，运用工具和材料完成纸质品、木制品的制作。初中组设置手工布艺、工艺木工和摄影三个项目。布艺作品是小熊钥匙包，木艺作品是置物架，摄影组选手完成现场拍摄。高中组的竞赛项目是 CAXA 实体设计、金属加工和电子控制技术，与初中组、小学组的项目相比，高中组项目更加体现学生在技术应用和创新设计方面的能力。

2017年3月25日上午，来自全区48所学校的390名学生参加了区劳技竞赛，本次竞赛以"创新实践，追逐梦想"为主题，通过七个项目的比赛，充分彰显各校学生的劳动技术素养。小学组的竞赛项目是手工制作和手工木工，制作纸质笔筒和木质收纳盒。初中组设置了手工布艺和工艺木工两个项目，完成布艺小挂件和木质笔筒。高中组的竞赛项目是 Inventor 实体设计、金属加工和电子控制技术，技术难点高，需要学生有较强的三维空间想象能力、电子技术应用能力、机械加工能力和创新能力。

2018年3月24日上午，来自全区53所学校的429名学生参加了区中小学生劳技竞赛。今年的劳技竞赛围绕"劳动创造世界，技术成就梦想"主题，设置七个比赛项目，小学组的竞赛项目依旧是手工制作和手工木工，根据要求制作纸质包装盒和多功能笔筒。初中组设置手工布艺和工艺木工两个项目，制作创意布艺口罩和木质分割手提盒。高中组竞赛项目是 Inventor 实体设计、金属加工和电子控制技术，要求学生具有一定的空间想象能力、设计能力、识读电路图的能力。今年的劳技竞赛各个项目试题都紧密联系生活实际，强调技术的应用性，弘扬工匠精神，提高学生的劳动技术素养，彰显各校学生的技术风采。

一年一度的区劳技竞赛，是为了展示我区中小学生勤于实践、勇于创新的风采，也是我区选拔优秀选手参加市劳技竞赛的主要途径。市中学生劳技竞赛作为市教委教研室组织的常规竞赛项目，竞赛共设有5个项目，初中阶段的布艺和工艺木工，高中阶段的金属加工、实体设计和电子控制技术项目。

2016年的市竞赛，每年全市共有17个区县参加521名学生参赛。我区选拔了24名中学生参加，有22名学生获得市级等第奖，其中，6位学生获一等奖，10名学生获得二等奖，6名学生获得三等奖，松江区在全市17个区县中取得了团体第二名的好成绩。区劳技中心的6名教师荣获指导老师一等奖，8名教师荣获指导老师二等奖，1名教师荣获指导老师三等奖。

2017年的市竞赛，共16个区的534名学生参赛。我区有33位学生参加，30位获奖，其中一等奖12位，二等奖13位，三等奖5位，获奖比率高达90.9%，在全市16个区县中排名第一，获得了团体一等奖的历史性好成绩。在全市 56 名一等奖中，松江占据 12 席，工艺木工和实体设计两个劳技项目更是单项总分均名列全市第一。有 8 位获得指导教师一等奖，6 位获得指导教师二等奖，2 位获得指导教师三等奖。

近年来，我区劳技教育在教育局的大力支持和领导下，成绩不断创出新高。劳技中心通过区劳技竞赛平台选拔选手，采用周末集训的方式，培养出一批动手能力强、技术过硬、具有一定创新意识的优秀学生，为我区赢得了荣誉。

二是劳技展评，硕果累累。

为了进一步落实素质教育和新课程理念，激发学生热爱劳动技术，丰富学生课余生活，锻炼学生实践能力，提升学生的技术素养。我区每年的劳技成果展评一般在 11 月上旬进行，要求全区小学、初中、九年一贯制学校的学生参加，分现场制作和成品展示，旨在体现劳动技术的意义和价值，展示我区学生的聪明才智和灵巧双手。

2016 年 11 月 5 日上午，在劳技中心成功举办"劳技节—秋收季"第八届中小学劳技教育成果展，全区 45 所学校 124 名学生参加了此次展评活动。活动围绕"实践创新，奠基幸福人生"主题，除了创新作品和现场制作的展评外，还增设了各校劳技教育实施情况的展评。劳技作品由各校选送小学四、五年级和初中六、七、八年级学生作品各两件，送展的学生创新作品都是在教师指导下，学生利用所学知识与技能自主制作作品。劳技现场制作由五、六年级学生参加，作品都能体现学校特色，有纸艺、陶艺、布艺、木艺、结艺、铁艺或具有区域特色的工艺类作品。16 年成果展评，共展出学生创新作品 314 件，特色作品现场制作 62 件。创新作品由学生自主设计，作品技术规范、工艺精湛；现场制作是由学生根据特色作品样品进行现场制作完成；各校劳技教育实施情况的 PPT 展示，主要展示各校劳技教育有效落实的情况。各类作品精彩纷呈、形式多样，展示了我区学生奇思妙想和技术实力，更体现学生的环保意识、动手能力和创新能力，彰显了各校的劳技教育特色。

2017 年 11 月 4 日上午，在劳技中心成功举办"劳技节—秋收季"第九届中小学劳技教育成果展，全区 35 所学校 136 名小学生参加了此次展评活动。本次活动围绕"云间小创客，劳技小达人"主题，开设小学专场，丰富内容，主题明确。在展评活动的内容上，除了劳技小达人作品展示和云间小创客现场制作外，还增设了劳技教育新概念展示。劳技小达人作品由各校自主设计布展在劳技中心的二楼过道，共有作品 203 件展出；云间小创客现场制作则安排在劳技中心底楼大厅敞开式进行，共 34 组，学生单独或四人一组合作完成。劳技教育新概念展示展台布置在 215 室，展示了 3D 打印、虚拟现实、乐高机器人等劳技中心最新或即将开设的技术项目。

每年的劳技展评作品精彩纷呈、形式多样，展示了我区学生奇思妙想和技术实力，更体现学生的环保意识、动手能力和创新能力，彰显了各校的劳技教育特色。劳技教育成果展评已经成为我区每年一度的传统特色项目，结合与时俱进、特色鲜明的主题，绽放在硕果累累的秋收季，是展示我区劳技教育成果百花齐放的主要舞台，也是推进我区实施素质教育的重要举措。

三是教学科研，实现双收。

许多劳技教师在近三年里注重课程资源整合以提升学生的技术素养，关注劳技竞赛、课堂实践和教科研等工作，取得了很好的成绩。如周老师在 2016 年负责区劳技教研工作，5 月带领学生参加市竞赛获指导一等奖；2017 年 5 月，松江区荣获团体第一名的成绩；钟老师带领学生参加市劳技竞赛，连续三年荣获指导老师一等奖。张老师参加了《上海市初中劳动技术学科教学基本要求》的编写工作，具体负责纸艺、电工技术、电子技术部分，由上海科技教育出版社出版。

在 2015 年到 2018 年间，老师注重课堂教学实践，积极开设区级公开课，把新的劳技教学理念辐射给全区劳技教师，收到非常好的效果。如张老师开设了"晶体三极管"和"电容器"两节课，"晶体三极管"获 2016 学年"一师一优课"活动的市优课；许老师开设了"卡通挂件的设计与制作"；陈老师开设了"调光台灯"；钟老师开设了"手机支架的设计"；李老师开设了"VB 环境中定时器控件的应用"。我们在教学实践中不断反思教学各环节，从课堂导入、教授知识、学生操作到课堂评价，从教学方法、手段到课堂效果，通过反思解决教学中的难题和不足，而这一过程就是研究的过程，我们将其撰写成论文，发表或交流，促进了大家的科研能力。

三年里，张老师共有 8 篇论文发表或获奖，许老师发表 3 篇论文，钟老师参加了多个市、区级课题的子课题研究工作，陈老师于 2016 年 4 月 22 日参加了在陕西渭南召开的全国小学教育协同创新与发展名校联盟"学生发展核心素养"研讨会，并在会上做了交流汇报，李老师在上海校外教育活动设计与实践研究德育实训基地交流了《"红色、爱心、生存、励志"之旅活动案例》等。

我们共同体老师一手抓教学，一手抓科研，平衡教学与科研之间的关系，二者齐头并进，使劳技真正成为实施素质教育的主阵地。共同体在 2015 学年，教育局对 32 个骨干团队在"八项指标"（公开教学、微课程、命题研究、课题研究、论文交流、培训课程、专题讲座、骨干带教）和"三项指标"（研究项目、团队活动、成员发展）考核中获优秀、团队第一名的成绩；共同体在 2016 学年考核中获优秀、团队第五名的成绩。2016 年，《松江教育》杂志第 3 期，介绍了劳技发展共同体负责人张红妹老师，2017 年 6 月 27《松江报》综合新闻版发表了题为"小学科"做出了"大文章"专题报道，介绍了劳技共同体的工作和取得的成绩。

第三章

磁性课堂的气质

课堂教学与人的外表一样，需要独特的气质，才能吸引学生的注意力！我们可以根据课程特点、教学内容、年级学段选择合适的教学模式和教学策略，借助多媒体、信息技术等辅助教学，让学生对劳技学习充满新奇、充满期待。教师巧妙地提问、创设不同的学习任务，使学生的思维发生碰撞，使学习充满生气和活力。

第一节　纸艺课程的创造魅力

《上海市中小学劳动技术学科课程标准（试行稿）》在主题二"加工与制作"中建议：通过选用纸、竹、织物、塑料等（废旧材料为主）材料制作各种实用工艺品和装饰工艺品，体验做中学的过程和乐趣。① 依据课标，劳技中心在 2012 年开发了纸艺课程，作为初中阶段劳动技术学科课程的一个单独技术项目，要求：说出一些常见纸质材料的性能特点和用途；学会常用加工工具（如美工刀、剪刀等）及其使用方法；识别剪切线、正反折线、粘贴等加工符号；使用草图和语言表达等，结合自己的设想进行简单设计；模仿卡纸的剪切、挖空、弯折、粘贴等纸品加工技能；感受纸品加工与日常生活的密切关系；初步具有节约资源、保护环境的意识；激发对技术产品应用和技术产品的探究兴趣。我们确定了以各色纸绳为材料，制作一些学生耳熟能详的纸花，如蔷薇、康乃馨、郁金香、向日葵、玫瑰等。

纸艺是一门既古老又现代的艺术课程，简单地说，纸艺就是一门关于玩纸的艺术。它的造型、题材、表现形式等，具有很强的生活色彩和文化影子。通过剪、刻、塑、撕、揉、折、卷、叠、编织、压印等手段制作而成的平面或立体的艺术品，将蕴涵着深厚的纸文化融化到有限的课堂里，又可延伸到生活和历史中，使学生得到人文精神的熏陶，体验和享受来自生活、大自然、心灵的美感。

一、结合视觉听觉，维持学习兴趣

通常情况下，学生对陌生的东西较感兴趣，注意力集中，探究的欲望强烈。纸对学生来说是最熟悉不过了，而熟悉的东西，往往是最容易倦怠和不感兴趣的。怎样让学生对纸产生浓厚的兴趣，并始终保持是我思考和实践的重

---

① 上海市教育委员会.上海市中小学劳动技术课程标准（试行稿）[M].上海：上海教育出版社，2005：39.

点。纸花的特点是逼真、美丽、永不凋谢等，这是吸引学生、引起学生兴趣的主要源泉。如周一的课程学习介绍，我将一周里学生将要学习制作的纸花拍成照片播放给学生看，接着在展台下示范：我利用一些零碎的纸，通过剪、卷、拉、粘，一朵小玫瑰诞生了，学生都睁大眼睛目不转睛地看，我从他们的眼里读到了惊奇和兴奋。

学生有了动手实践的欲望和兴趣，但由于每个学生的动手能力不一样，制作出的纸花质量也相差很大。通常情况下，动手能力强的学生做的花较逼真，兴趣维持得也久些，而动手能力相对弱的学生，当看到自己"摇摇欲坠、凋谢枯萎"的花时，兴趣就会大幅度下降。所以，在学生制作前，我将在网上收集的花朵从花骨朵到含苞欲放、怒放的照片，配上优雅的音乐制作成影片，请学生欣赏花的美，诱发他们制作的兴趣和热情。在制作过程中，我将难度大的技术动作都拍成录像配上讲解，如将蔷薇花瓣拧成麻花状，左右手捏住花瓣的部位、拧的方向一一演示，并慢动作播放；将拧好麻花状的花瓣展开又是一大关键，很容易展破，我在录像里用特写镜头将展开花瓣的起点部位演示清楚。在整个过程中，我让学生不断获得制作信息，充分调动他们的视觉、听觉，保持并维持非常高的兴趣。老师还应不断地鼓励、表扬学生，赞美他们的作品，让所有学生获得满意的好作品，感受制作纸花的乐趣。

二、 利用媒体技术，发挥想象力

多媒体技术的飞速发展，推动了教学从目的、内容、形式、方法到组织的全面变革。若我在课堂上单靠嘴来讲解纸花的制作过程，呆板、枯燥，学生提不起兴趣，几节课下来，就会产生厌倦情绪。当多媒体进入课堂，我运用多媒体技术对教学活动进行创造性设计，发挥计算机辅助教学的特有功能和教学的优势，使教学的表现形式更加形象化、多样化、视觉化。因为它能提供直观、多彩、生动的画面和场景，吸引学生的注意力，多角度地拨动学生的心弦，多方面地调动学生的感官，能诱发学生的思维想象，想象力就能得到发挥。各种纸花的制作，可以恰当地使用展台、投影、音响、计算机等现代化教学手段，相对教师的语言和传统的直观性教具来说，具有较丰富的表现力，降低了技能操作的难度，能发挥学生的想象力进行艺术加工，使纸花既有鲜花的影子，又有学生自己的创造，更富有生命力。如《郁金香的制作》一课，为了加深学生对郁金香的认识，拓展视野、启迪思维，我将上百种各色郁金香"集合"在一起，有大面积种植的，有盆栽的，有单枝的；有我国公园里的，有国外街道上的；有红的，有黄的，有紫的……我利用清晰、富有动感的画面变化，带领学生欣赏遍了世界各国栽培的郁金香，好多学生脱口而出："郁金香太像高脚酒杯了！""郁金香的叶子像一根线！"等学生制作时，他们的脑海中已有了郁金香的花瓣和叶子的外形，质量和成功率都会提高。最后，一朵朵活灵活现的郁金香在他们手中诞生，这门课也取得良好的教学效益。这样直观的教学，陶冶了学生的情操，拓展了学生的视野，充分发挥了学生的想象力，达到激情引趣、趣中施教、做中有乐、乐中启智的效果。

三、 给予自主空间，发挥创造力

教学就是教师有效、合理地组织学生的学习活动，使所有的学生都能学好，学得主动、学得生动活泼。在纸艺课程中，要让学生学得主动、学得生动活泼，我的体验是要给学生自由、自主的创造才能实现目的。当学生学会制作纸花的折、剪、卷、拉、粘、拼等基本技能后，我们老师大可放手让学生自己设计、自己决定做什么作品。

我把这一项目安排在每周四的下午。我在周一时就布置好任务，一要求学生不能丢弃所有制作纸花中产生的废材料，二可带日常生活中的废旧报纸、挂历纸、包装纸等材料。既然纸艺是一门玩纸的艺术，所以周四下午就是学生大胆玩纸的时间。我先通过图片、样品展示，引导、启发学生的思路，并告诉学生作品不拘一格，不限范围、主题，纸花、纸画、平面、立体都可。学生在无拘无束中发挥着自己的才干，将艺术性、趣味性、实用性、可观赏性融合起来，作品琳琅满目，马蹄莲、百合花、桃花、菊花等，也有拼贴画、纸编花篮、面具等，各种各样造型迥异的作品出现在我们的纸艺教室里，学生为自己的作品感动，我被学生的创造力打动，这些作品焕发出了无限的艺术魅力。

四、 搭建评价舞台，感受创造魅力

纸艺课程的作品不仅是一种结果，也是一种过程，更是一种意识。学生的成功体验源于同伴的认同与教师、家长的肯定。当他们完成一件作品后，常常会问："老师，我能把它带回家吗？"当我告诉他们，在纸艺课程里制作的所有作品都是属于他们的，都可以带回家。他们觉得无比的高兴，制作的兴趣、热情更浓了，因为他们可以拿回家与父母一起分享成功的乐趣了。但是，要提高学生的创造能力，使他们的作品得到家长的肯定和认可，离不开组员间的交流评价。因为学生在纸艺活动中需要不断的提高制作能力，才能将作品进行艺术性的创造。在完成一件作品之后，给予相互交流评价的机会，才能发现不足，才能去改进，唯有新的借鉴才能有新的创造。

每个学生有自己的鉴赏标准，让学生把作品在小组内进行评价，学生是学习的主体，他们就是评价的主体。可先从花蕊的位置高度、花瓣的造型组装、花托的形状分布、叶子的高度牢度等进行评价。若达不到质量要求的，一起分析原因，一起探讨修补办法。通过这一环节，学生非常主动地修补作品，力求达到完美。在质量上得到统一认识后，接着请大家评价这朵花的制作有没有艺术的再创造、美在哪？这个方面的评价特别热闹，由于学生的审美观不同，针对个性化的设计、创造的作品，观点不一、眼光不一、喜好不一，比较难以鉴定和达成一致结果。如向日葵，花盘的尺寸、向阳而生的特点比较难统一，如果一致，势必导致学生的作品千篇一律，没有个性。再如周四下午的自创作品交流评价更是众说纷纭，但我喜欢听学生的争论，喜欢听他们为评价结果不一而展开的激励争论，因为在这过程中，学生就是在完成对美的鉴赏，在感受自己和同学的创造魅力。老师要把控的是不能将粗糙、劣质说成是创新，如古松学校的一名学生制作的玫瑰花，花瓣没有往外翻卷，花瓣粘贴不牢固导致花"摇头摆尾"，同学们评价他的花存在的问题时，他坚持说这是他的艺术加工，是创新。当老师在发现这一情况后，虽不能粗暴批评和全盘否定、不能伤害他的自尊心，但婉转告诉他纸花创作与绘画创作的区别，要"玩"得形似。

经过15周的教学，我们依据学生需求不断改进、完善课程资源和教学内容，收获如下：

1. 一周的纸艺教学，我得到了学生的喜欢和家长的肯定。我感受到了学生制作纸花的快乐，好多学生在劳技小结中说得最多的是制作、设计纸花成功后的喜悦之情，有的描述了他们拿着亲手做的花送给妈妈时，妈妈的喜悦和称赞，他的满足和骄傲。

2. 一周的纸艺教学，我自己制作纸艺作品的能力也得到提高，教学相长，我从学生的观点、创造中汲取了好多新方法，改进了教学方法和手段，提高了教学效益。特别是将纸变废为宝的环节，学生的美学和环保理念增强了，而我在 2012 年 3 月代表松江区参加上海市科学生活大使比赛，获得"生活大使"荣誉称号。

3. 一周的纸艺教学，学生获得了制作纸花的基本流程和方法，感受技术与日常生活的密切关系。通过学习、评价，他们体会劳动技术的价值和作用，形成一定的质量意识和环保意识、团队合作和创新意识，学会了用眼睛去发现美，用双手去创造美。

第二节　适合劳技课堂的教学模式

　　教学是一种特殊的认知活动，需要师生共同完成，我们应根据教学内容、学生基础、时代要求，科学合理地运用教学方法，在建构、合作、探究、开放式的学习中体验劳技的快乐。学生的思维处于亢奋中，他们会乐学、愿学、好学，使劳技课堂熠熠生辉。

　　教学模式可以定义为是在一定教学思想或教学理论指导下建立起来的较为稳定的教学活动结构框架和活动程序。作为结构框架，应突出教学模式从宏观上把握教学活动整体及各要素之间内部的关系和功能；作为活动程序，应突出教学模式的有序性和可操作性。较适合劳技课堂的有建构主义教学模式、合作学习教学模式、探究式教学模式、开放式教学模式。我们教师应根据教学内容、教学学段选择合适的教学模式，真正站在学生的角度进行课堂教学，就能最大限度地调动学生的兴趣和积极性，才能使劳技课堂充满活力。

一、建构主义教学模式

　　建构主义是关于儿童认知发展的理论，它倡导以学生为中心，在整个教学过程中由教师起组织者、指导者、帮助者和促进者的作用，利用情境、协作、会话等学习环境要素充分发挥学生的主动性、积极性和首创精神，最终达到使学生有效地实现对当前所学知识的意义建构的目的。[①]

　　建构主义注重每个学生的生活经验，主要用"支架式教学法""抛锚式教学法"达到使学生主动建构知识的目的。以"支架式教学"为例，主要有五大环节：搭脚手架、进入情境、独立探索、协作学习、效果评价。

---

① 吕鑫祥.上海市中小学劳动技术课程标准解读本［M］.上海：上海科技教育出版社,2005：67.

案例 1　年级：　五年级　《打蛋器》教学片段

师：同学们，你还记得爸爸、妈妈用什么工具打蛋吗？

生：筷子！

师：今天，老师准备了两双筷子，下面请两位同学来尝试，用筷子打蛋有什么优缺点。

（两个学生上讲台打蛋，其余学生观察、讨论）

师：筷子打蛋有什么优缺点呢？

生：速度蛮快的。

生：蛋黄与蛋清不够均匀。

师：那你能设计一个使用方便而又简单的工具吗？需要什么材料和工具？

（学生讨论）

师：这个打蛋器需要什么材料和工具？

生：铁丝、尖嘴钳

师：那我们先来设计这个打蛋器的草图

（学生画草图设计）

师：同学们的设计非常有创意，我们来展示一下，告诉同学们自己的设计思路和理由。

生：筷子只有两根，如果用三根、四根的话，肯定要快多了。所以我就设计了四根铁丝做的打蛋器。

生：我的打蛋器有六根铁丝，这样速度快，蛋打得也均匀。

……

师：同学们的设计都很有道理，那我们就可根据自己的设计进行制作。

（学生制作，作品展示）

师：家里常用的工具有很多，同学们想一想，哪些也可以进行改进？

（学生讨论）

案例点评　《打蛋器》这节课利用了建构主义——支架式教学来完成

①搭脚手架：围绕学习主题，按"最邻近发展区"建立概念框架。概念框架图如下：

G	学习主题：打蛋器的制作
F	拓展：家中哪些工具，我们也可进行改进
E	动手操作：制作打蛋器
D	设计打蛋器草图
C	讨论打蛋器所需要的材料和工具
B	你能设计一个使用方便而又简单的工具吗？
A	联系家里父母使用什么工具打蛋？尝试后明白这工具的优缺点

②进入情境：根据学习内容将学生引入一定的问题情境，并提供可能获得的工具和学习资料进入角色，进行探索学习。

③独立探索：在探索过程中老师要适时提示学生，帮助学生沿着概念框架逐步攀升。

④协作学习：小组讨论，自主学习。在共享集体思维成果的基础上达到对"打蛋器"的设计和制作，最终达到对知识的意义建构。

⑤效果评价：这是对学生所学知识、所做技能的意义建构的情况做出评价。

支架式教学关键是搭建一个适合学生智力的"最邻近发展区"的概念框架，并为学生对问题的进一步理解所服务，不停地把学生的智力从一个水平提升到另一个新的更高水平，就像沿着脚手架那样一步步向上攀升。

二、 合作学习教学模式

它是通过小组形式组织学生进行学习的一种策略，小组取得的成绩与个体的表现是紧密联系的。合作式学习必须具备五大要素：①个体积极的相互依靠，②个体有直接的交流，③个体必须都掌握给小组的材料，④个体具备协作技巧，⑤群体策略。在劳技课堂中实施合作式学习，更有利于学生获得学习的成功，是一种较佳的课堂教学活动策略。

案例 2　年级：　七年级　《主机组装》教学片段

师：如果有人问你，两年前买的电脑，容量不够，怎么办？

生：加一个硬盘。

师：一般的操作流程是怎样的？

生：材料准备、顺序编排、现场操作、仔细检查

师：安装硬盘需要哪些工具和材料呢？

生：硬盘、D 形电源线、40 芯信号线，工具有螺丝刀

师：我们要安装硬盘需要几个步骤？（发放安装硬盘的流程说明）连接线安装的规则是怎样的？

（学生讨论）

师：我们 4 个同学合作尝试按流程安装硬盘。

（学生动手操作）

师：那么，电脑主机怎样安装呢？

（各组讨论编排电源箱、硬盘、软区、显卡、住板等组件的安装顺序。）

（全班讨论，得出最佳安装顺序）

师：下面请同学们按照自己的特长，分别选择自己承担的角色，谁来担任项目经理、技师、安检师、记录员？

（学生根据自己的特长选择角色）

师： 我们都分好工了吧？那我们就按照自己承担的角色来实行，快动手安装吧！

（学生根据规则和最佳顺序，四人合作组装主机；老师巡视指导）

师： 我们安装的结果怎样呢？两组对调，相互检查。

（学生检查、交流汇报；小结、回顾）

案例点评 在《主机组装》一课中，老师将组内成员提出分工建议，学生按自己的特点，分别承担项目经理、技师、安检师和记录员等工作，小组成员人人参与主机的组装工作，在交流中都能汇报出自己在合作学习中承担的任务和为小组所做的贡献。这样的安排，为学生们的交往、学习、探索提供了一个良好的氛围。在生生互动的小组合作学习情境中，在小组内讨论和解决问题中，每个学生都有平等的机会。这样，既促进学生积极主动地思考，又使课堂始终保持"动中有节，乱中有序"的状态，既不太放任，也不过于严肃，真正符合劳技课堂教学的"在动中学""在学中动"的特点。

三、 探究式教学模式

探究性学习是学生以自己熟悉的生活实际为研究背景，在调查研究和分析中学会知识、信息的收集和处理、问题的发现与解决，是给学生提供自我发现、自主探究、主动实践、交流合作的机会。相比接受学习，它更注重"积极参与""学习过程""自主探究""合作发展"，是一种提高学习能力、发展个性、培养创新精神和实践综合能力的全新的学习方式。①

---

① 赵希强.探究性学习方式研究与实践(全二册)[M].山东：山东大学出版社,2000:3—10.

案例 3　年级：　八年级　《电阻器》教学片段

师：同学们，在《安全用电》中我们知道了人触电的原因是什么？

生：人体是导体。

师：对，周二我们学习了万用表，那我们用万用表来测测自己的电阻，小组四个人比较一下，我们的阻值相同吗？为什么？如果我们洗一下手，阻值又怎样？

（讨论探究结果）

师：请小组汇报小组实验结果。

生：四个人之间的阻值不一样，洗过手后，每个人的阻值都变小了。

师：那阻值大时的单位和阻值小的单位一样吗？我们人体的阻值会变，那我们练习袋里的电阻，他们的阻值会变吗？

（学生探究，用万用表检测等）

师：练习袋里的电阻都是定值电阻，请同学们观察它们身体上的特征，为什么有一条条颜色线？这些颜色线分别代表什么意思？你能找出其中的奥秘吗？

以小组为单位，查资料、看教材等方法探究色环电阻的识读，汇报探究结果：

生：这些电阻叫色环电阻，我们练习袋里的电阻是四条环，就叫四环电阻。

生：要知道它的阻值，先确定头部和尾部，识读从头部开始读。

生：尾部是有明显标志的，一般都是用金色环，它表示误差。金色是±5％，也有银色环，表示误差±10％。

生：前三环可以有十种颜色，代表十个数字，黑 0、棕 1、红 2、橙 3、黄 4、绿 5、蓝 6、紫 7、灰 8、白 9。

生：第一环表示有效数字第一位数，第二环表示有效数字第二位数，第三环是倍率。倍数与倍率不同，我们识读到一个电阻，红绿黑金，一开始我们计算出来是 0 欧姆，再通过万用表检测一下是 25 欧姆，就发现倍率是 10 的 n 次方。

生：我们识读的结果与万用表检测的结果有的一样，有的不一样，为什么呢?

师：这个问题非常好，为什么呢? 我们再来探究吧!

（学生讨论探究）

生：金色环代表误差，如果在允许范围内，这电阻还是符合质量要求的。

……

评价小结：同学们通过动手、动脑、动嘴，正确掌握了色环电阻的识读方法。

案例点评 《电阻器》这节课强化了自主探究过程，教师尽可能抓住一切时机，为学生提供探究的机会、空间、时间，促进了学生自主性学力的提高和发展，提高了学生对技术的理解和运用。教师负责创设探究任务，学生在学习中有很大的思维自由度，激发了学生的探究兴趣和热情。在反馈交流时教师借助的都是学生的问题，有正确的，有不能解决的，再请同学们探究交流，就在学生思维发生碰撞时，真正激活了他们的思维，让他们体验到探究学习的快乐与成功。

四、 开放式教学模式

开放式教学以学生的学习为中心，采用多种教与学的方法和手段。从广义上理解，可以看成是大课堂学习，即学习不仅是在课堂上。从狭义上理解，就课堂教学题材而言，它不仅可以来自教材，也可以来自生活、来自学生；就课堂教学方法而言，可以在教学过程中通过对教材的个性化处理，使教学方法体现出灵活多样的特点，并且在教学中运用"合作式"、"探究式"，引导学生主动合作、探究来获取知识；就课堂师生关系而言，它要求教师既作为指导者，更作为参与者。开放式教学能给每个学生提供更多的参与机会和成功机会，让每个学生在参与中得到发展。①

案例 4　年级：　高一年级　《抢答器控制》教学片段

师：同学们看过中央台的《开心词典》《分秒必争》吗？说说这些节目的规则？

生：主持人说出题目，第一个人按下按钮抢答，第二个人再按无效。

师：对，今天我们就通过 PLC 编程来设计二路抢答器。请同学们先看控制要求，并讨论在编程需要使用哪些元件？

（学生看 PPT 上的控制要求，并讨论）

师：我们根据什么来变成？达到什么要求？

生：连各个选手谁先按下抢答按钮，谁的指示灯亮，且指示灯保持下去。

师：要是指示灯亮且保持下去，要用到什么基本程序？

生：点动。

生：自锁。

师：后按的选手按按钮，指示灯不亮，用到什么功能？与电动机的什么相同？

生：互锁。

生：与电动机的正转、反转相同。

师：一轮抢答结束，主持人按"复位"，亮的灯熄灭，进入下一轮抢答，用到什么程序？

生：常闭。

---

① 葛道凯.开放教育学习指南[M].北京：国家开放大学出版社,2009：1—2.

生： 在线圈的前面加个常闭

师： 小组合作，一起编程，并用仿真软件试运行。

（学生编程、操作）

（老师调取一组同学的程序，请组内选派一人演示，并讲解程序运行过程）

（学生分析程序，找问题并改进）

师： 如果用另一种指令， SET、 RST，怎么实现？

师： 我们能否将程序升级为三路、甚至是四路抢答器？

（学生讨论、设计编程）

案例点评　开放式教学模式，调动了师生教与学的积极性，显现了教师的主导地位，更凸现了学生积极参与学习、主动探索知识的主体地位。在开放式教学中，把课堂的主动权充分还给学生。在教学中，注重的不是教会学生如何模仿完成技能、作品，而是伴随着启发、讨论、质疑、争论、收集信息等活动，采用合作学习、探究学习来引导学生积极参与教学活动。学生，不但是学习者，也是合作者和知识的传递者；教师，既是个引导者，更是个合作者、学习者。老师把一个个问题抛给学生，让他们思考、讨论，最大限度地开放了他们的思维空间。

实践证明，不同学段采用适合学生年龄、知识经验的教学模式，就能使教和学充满活力，同时就能生成动态的教学过程，学生的个性、动手能力、创造能力都得到发展。应提醒的是现代教学模式的发展趋势由经验型转向整合型，从单一的教学模式向多样化教学模式发展，应灵活运用和相互融合。只有打破传统教学模式的束缚，才能为学生提供丰富、生动的学习资源，提高教学效益，才能使课堂充满活力。让我们携起手来，为学生构建一节节充满生命活力的课堂而共同努力。

第三节　隐喻教学法的实践研究

隐喻是一种语言现象，用于修饰话语的一种修辞手法。其实，隐喻不但是一种语言现象，而且是人类理解周围世界的一种感知和形成概念的工具，是人类思维的一种方式。① 它是人们将某一领域的知识或经验用来说明或理解另一领域知识的一种认知活动，隐喻植根于我们的语言、思维、行动和文化中。 20世纪 60 年代后期，西方学术界以全新的视觉审视隐喻，使人们的认识发生了质的变化： 隐喻不仅是一种修辞方法，还是对于不同事物建立联系的认知手段和机制。隐喻作为一种认知现象，其对人类思维方式、艺术创造、语言使用等影响是极其广泛而深刻的。隐喻思维更是一种创造性思维，它表现在人类的认知、语言和行为等一系列活动上。

近年来，隐喻在国外是个众多学科关注的热门话题，尤其是隐喻的认知功能越来越受到人们的重视，但目前还缺乏一种统一的隐喻理论。隐喻理论思想首先是在莱考夫（Lakoff）和约翰逊（Johnson）在《我们赖以生存的隐喻》一书中提出来的，阐述隐喻不仅属于语言，而且属于思想、活动、行为。② 我国从跨学科角度研究隐喻、特别在教学中运用隐喻几乎还是一个空白。我近年来在劳技电工教学中进行尝试实践，我们松江劳技中心电工课程的学生是来自城区初一、初二第一学期或农村初一的学生，他们几乎没有物理基础，大部分学生不知道电的三个物理量，不知道电阻、电容、二极管、三极管，电工理论知识对他们来说就像听天书。再者，学生来到电工班学习，大部分表示将来不可能做电工，学电工没有一点意义，无奈、迫不得已是他们踏入电工课堂的真实写照，所以他们提不起兴趣，甚至反感和抵抗。

面对电工教学中碰到的困难，我积极引入隐喻教学法，以最快的速度吸引学生，改变学生对电工的看法，最后喜欢上电工，起到了不错的教学效果。

---

① 葛道凯.开放教育学习指南[M].北京：国家开放大学出版社,2009：01—02.
② ［美］乔治·莱考夫/马克·约翰逊,何文忠译.我们赖以生存的隐喻[M].浙江：浙江大学出版社,2015：51.

一、 运用隐喻相似性特点，理解知识

隐喻一词源于希腊文"metaphor"，"meta"意为超越，"phor"意为"传送"，组合起来即是将一个发起主体的众多信息传送到一个接受主体上，使本体具有了喻体的多方面特征，甚至产生了新的超越。[①] 喻体与本体具有相似或等同地位是隐喻发生的基础。在电工课程中运用隐喻相似性的特点进行教学，即把未知知识变换成耳熟能详的术语。如周一上午第二节课的学习内容是"生活中的电"，学生根据已有的生活经验、感觉往往认为闪电、静电、交流电、直流电是完全不同的。怎样让学生自己认识到这四种电的性质是完全一样的呢？首先，我让学生找出他们相同的一个字"电"，这就是本体，再让学生分析这四种电的来源，即喻体。师生讨论归纳出：闪电是云与云之间、云与地之间或者云体内各部位之间强烈的放电现象；静电是一种处于相对静止状态的电荷或因不同物体之间相互摩擦而产生的在物体表面所带的正负电荷；交流电是发电厂发的，有火力发电、风力发电、核能发电、太阳能发电等；直流电，如手电筒、收音机里的 5 号、 7 号电池。不同种类的电对人的危害也不同，我请学生分析它们的各种性质，并列表归纳，详见表 3-1。

表 3-1　电的本体与喻体表

本体	喻体	形成或来源	特点
电	闪电	雷雨云中的电荷聚集达到一定的数量时，在云内不同部位之间或者云与地面之间就形成了很强的电场，当云内外的大气层被击穿，在云与地面之间或在云的不同部位之间以及不同云块之间激发出耀眼的闪光。	闪电瞬间电流大、电压高，目前还无法收集。在一次雷雨闪电中，闪电释放的电压约等于 5 亿伏，平均电流估计约为 20 万安（人教版物理教材初中第二册）
	静电	静电是指具有不同静电电位的物体由于直接接触或静电感应所引起的物体之间的电荷转移，当静电场的能量达到一定程度之后，击穿其间介质而进放电的现象。	静电具有高电位、低电量、小电流和作用时间短的特点。

---

① 耿占春.隐喻[M].河南：河南大学出版社,2007：5.

本体	喻体	形成或来源	特点
	交流电	通电线圈旋转，切割磁力线产生。	电压、电流的大小和方向都会随时间作周期性变化，频率为50赫兹。
	直流电	直流电源有化学电池、燃料电池、太阳能电池、直流发电机等。	普通直流电的电压、电流的大小和方向不随时间的变化而变化。

　　学生在接受新信息、新概念、新思维时，只有把他们脑海里固有的知识联系起来，才能产生意义。从认知的角度看，学生的学习过程就是一个新旧信息相互作用的过程。学生根据已有的对事物的认识，推导出另外未知的更多的知识，并设想他们在某些方面具有相似性的性质。通过对喻体的讨论，学生终于明白这四种电的形成、来源和特点。但是原始社会、奴隶社会、封建社会根本没有交流电、直流电，人们是怎么认识到电的性质，从而懂得它、利用它进行发电的呢？这问题的核心就是电的发展史，实质上是对电的本体、喻体进一步的探讨，已超越了对电知识的认识和建构。我还引导学生观察5号电池，让学生思考"这物体里储存了什么？""那闪电为什么不能像雨水一样收集并储存？将来有没有可能成为现实？"我将枯燥的电学知识借助隐喻法中的本体与喻体简单化解。因此，隐喻是一种积极的、富于想象的解码行为，能充分发掘事物属性，并进行有意义的转化与建构。

二、 运用隐喻替代性特点，激发灵感

　　在悠久的中华文化传统中，隐喻不仅是作为一种妙笔生花的描述方式，而且是作为一种无所不在的思维习惯存在的。东汉哲学家王符也论述了隐喻产生的原因和作用"夫譬喻也者，生于直告之不明，故假物之然否以彰之"。这样的思维习惯和描述方式表现在中国文化的方方面面的。中国文化本身就是一种隐性文化，主张"意会"、重视"了悟"，体现"言此而及彼"的特点。而把这一特点用到晶体三极管的教学中，就妙趣横生了。

　　晶体管有二极管和三极管，晶体二极管（crystaldiode）是一种固态电子半导体器件。普通二极管一般用"硅"和"锗"两种材料做成。随着半导体材料

和工艺技术的发展，利用不同的半导体材料、掺杂分布、几何结构，研制出结构种类繁多、功能用途各异的晶体二极管，主要用来产生、控制、接收、变换、放大信号和进行能量转换等。① 1947 年 12 月 23 日，在美国新泽西州墨累山的贝尔实验室里，3 位科学家巴丁博士、布莱顿博士和肖克莱博士正在紧张而又有条不紊地进行在导体电路中用半导体晶体把声音信号放大的实验。三位科学家惊奇地发现，在他们发明的器件中通过的一部分微量电流，竟然可以控制另一部分流过的大得多的电流，因而产生了放大效应。这就是在科技史上具有划时代意义的成果——三极管诞生了。但是让学生理解三极管的内部结构和放大电流的作用等知识，对没有一定物理知识的初中学生是有很大难度的。但运用隐喻替代性的特点，可以把深奥的知识用简单易懂的话语和实验来替代。晶体管的结构、符号、电路图和特性作用见表 3－2。

表 3－2　晶体管的结构、符号、电路图和特性作用表

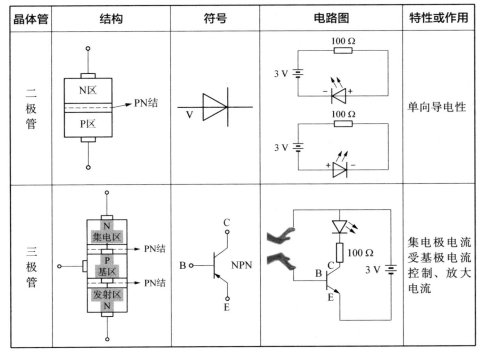

晶体管	结构	符号	电路图	特性或作用
二极管	N区 / P区 / PN结	V	100 Ω / 3 V / 100 Ω / 3 V	单向导电性
三极管	N 集电区 / P 基区 / N 发射区 / PN结	C / B NPN / E	100 Ω / 3 V / B / C / E	集电极电流受基极电流控制、放大电流

① 秦雯.电子技术基础［M］.北京：机械工业出版社,2016：7—8.

晶体管	结构	符号	电路图	特性或作用
	P 集电区 →PN结 N 基区 →PN结 发射区 P	C B ──< PNP E		

　　怎样用二极管的知识导入到三极管呢？首先，我用一个最简单的数学题"2加2等于几？"来导入，学生当然会回答"4"，但我告诉他们在电子元器件世界，两个二极管通过不同的制作工艺可以做出一个三极管。请学生观察两个二极管相加的结构图，明白重叠区域引出一个管脚，就是三极管的基极，另外两端分别是集电极和发射极。由于三极管的制作工艺较复杂，掺杂杂质的浓度又不同，难度较大。我一般作简单说明。第二，用电子实验来解决晶体三极管的特性"集电极电流受基极电流的控制，并具有放大电流作用"，基极怎么来控制集电极电流呢？我暗示学生万用表检测人体电阻的情况，学生马上想到集电极与基极之间的变阻器可以用人体电阻替代。用实验亲身体验改变手捏导线的力度，发光二极管的亮度随之改变，这就是三极管的作用。学生通过实验、思考，提出更大胆的设想"两个二极管可以相加，那么三个、四个、甚至成千上万个二极管可以吗？既然二极管可以相加，那么电阻、电容呢？"这样就能顺利引入集成电路知识。我通过隐喻替代性的特点，成功激发了学生的灵感，由此谈到了集成块、集成电路，这些深奥的知识变得简单易懂。

　　隐喻，无非就是替代的意思，在电工教学中运用隐喻，巧妙激发他们的灵感，老师不用费尽周折去讲解学生根本听不懂的知识和原理，学生听得懂、听得明白，用简单的或已有的知识去替代，激发学生自己思考得出结论或要点。

三、 借助隐喻同化性特点，促进探究

我们认识新事物的过程本质上是一种"同化"过程，也就是把新事物或新知识纳入原有的知识框架中，并加以消化、理解和重新组合。在电工教学中，隐喻的表达非常注重知识的层次、难易和内在联系，表现知识之间的一种前后秩序，并且将两者作为一个整体纳入全新系统，这就是隐喻中的认知同化。

一个开关控制一盏灯是家庭常见电路，学生耳熟能详，知识点建立在生活经验的基础上，没有难度，但现在家庭照明还有许多电路，如一个开关控制多盏灯、两个开关控制一盏灯和多盏灯，因此一灯一开关电路是知识和技能的起步点，掌握了此电路的原理后，其他照明电路的技能要点就可运用隐喻的同化性特点解决。运用同化原理得出的多种照明电路电路图见表 3-3。

表 3-3 多种照明电路图表

照明电路	电路图	接线原则
一个开关控制一盏灯		相线进开关，零线进灯座，连接开关与灯座
两个开关控制一盏灯		
一个开关控制两盏或多盏灯		
两个开关控制两盏灯或多盏灯		

照明电路中有许多知识和技能存在着系统关联，如照明电路接线原则"相线进开关、零线进灯座，连接开关与灯座"，触类旁通，其他电路不管有多少盏灯都必须遵循这原则，形成一个较为严谨的知识点和技能框架，那么在此后相继的"一个开关控制两盏或多盏灯、两个双连开关控制一盏灯和多盏灯"的学习、操作中，就会有效地促进学生在已有的知识框架内进行认知同化，自主地学习和探究多盏灯是串联还是并联关系，为什么？让学生按照自己设计的电路安装，我挑选部分电路通电，观察灯泡发光情况，再探究串联为什么比并联暗得多？家庭照明电路的灯为什么一定要并联？再提问"周一我们讨论的交流电，居民用电都是多少伏电压？这与灯泡正常发光有什么关系？"再次促进学生探究并联电路，电压符合灯泡的额定电压，能正常发光，而串联电路，所有灯泡合用 220 伏电压，电压下降，不满足灯泡的额定电压，所以会暗下来。这时，我再跟学生讲解分压、分流的原理，就显得简单易懂。

设计、安装这些照明电路，以"一个开关控制一盏灯"为基点，把其他电路纳入原有的技能框架中加以理解消化和重新组合，这就是一种"同化"过程，或称隐喻中的认知同化。

总之，四天的电工学习，学生从无奈、不感兴趣到积极投入，最后对电工的知识和技能产生极大的兴趣，并全身心投入学习和探究，这与我运用隐喻法教学密不可分。但是，在电工教学中尝试隐喻教学法，因其研究的人不多，实践的人又少之又少，所以，好多观点和做法还有待于改进和提高。但我认为适合学生的方法就是好方法，我在尝试中，学生对电工的学习兴趣的确提高了，电路的设计点子多了，线路安装考虑安全、实用和可行性了。尽管电学知识技能的建构主要是非隐喻性的，但我们可以运用科学的隐喻语言。因此，在电工教学中运用隐喻相似性、替代性、同化性的特点，提高教学效益。在教学中引入隐喻，必将会激发更多的老师加入，并创出一番新天地。

第四节　创设有意义的学习任务

劳技电工是初中学生的必修课程，是知识与技能、操作与实践相结合的课程。对初中学生来说既有趣又难学，特别是对一些电子元器件的学习，显得与他们的基础脱钩。这几年，我在教学实践中发现：同一节课，由于创设学习任务不同，教学效果大相径庭。可见，创设有意义的学习任务对课堂教学效果起着重要的作用。因此，创设有意义的学习任务是吸引学生主动参与学习、激发学生学习兴趣的重要途径。

有意义的学习任务是一种以教师为主导、学生为主体，以任务为媒介、能力为目标的系统教学法。在教师的设计和引导下，通过学习，把学生融入有意义的完成任务的过程中，学生可以开展合作式学习、探究式学习，自主地进行知识的构建，从而获得知识和技能。让学生参与到真实的问题解决中接受挑战、主动探究，创造出某件作品并完成重要知识的学习。①

在劳技电工课程中，如何创设"有意义的学习任务"呢？任务对学生来说就是一个兴趣、一种"催化剂"，促进他们积极学习，通过完成任务，使他们具有成就感，从而激发他们更积极地学习。笔者通过劳技中心电工校本教材第二章第二节《电阻器》创设的不同任务来具体阐述，在《上海市中小学劳动技术课程标准（试行稿）》中指出：建议学生通过学习，认识电阻的基本知识和作用，学会使用万用表。② 为了达成教学目标，教师创设不同的学习任务，阐述如下。

一、以教材为核心的学习任务

以教材为核心来创设的学习任务在传统教学中习以为常，通常按照教材按部就班地进行教学，常见模式是导入新课→学习知识→巩固练习→总结评价。

---

① 杨四耕.课程实施的 18 种方式［N］.中国教师报，2017－12－27(12).
② 上海市教育委员会.上海市中小学劳动技术课程标准（试行稿）［M］.上海：上海教育出版社，2005：41.

具体而言，教师为了降低任务学习的难度，以教材为核心，创设一个个过渡任务，帮助学生沿教师或教材的台阶一步步往上攀登，从而让学生顺利地掌握知识和技能。下面就是我以教材为核心来创设的任务学习。

1. 认识电阻器

请学生阅读校本教材，了解电阻的单位、分类、符号、作用，并请学生回答。

师：我们已了解了电阻基本知识，请同学们观察实物，看看这些电阻有什么特征？

生：元件上有一条条颜色线。

师：非常好，我们把这些电阻叫色环电阻，今天我们学习四环电阻。

2. 识读电阻

师：什么叫色环电阻？看教材。

生：用色环标注的方法来表示电阻值的大小。

师：色环电阻的首尾部是怎样来判断的？看教材

生：金色、银色环是尾部，那另一端就是头部。

师：有几个数字？应该有几种颜色来与之对应呢？

生：十个数字，要有十种颜色。

师：非常好！那么颜色与数字间是怎样对应的呢？看教材

生：黑对应的数字是 0，棕是 1，红是 2，橙是 3，黄是 4，绿是 5，蓝是 6，紫是 7，灰是 8，白是 9。

师：前三环怎么来识读？

生：第一环是色环电阻有效数字第一位数，第二环是有效数字第二位数，第三环是倍率。

师：非常好。我们识读时，先确定色环电阻的头尾部，在对照颜色与数字的关系来计算电阻的阻值。

3. 尝试识读

师：展示一个红蓝橙金的电阻，请同桌的两个同学一起尝试识读。

生：（黑板）R＝26×3＝78Ω

师：有不同答案吗？

生：（黑板）　$R = 26 \times 10^3 = 26\,K\Omega$

师：哪个答案是正确的？为什么？

……

4. 巩固识读

两个同学继续识读练习袋里的电阻，并上展台展示识读结果。

5. 评价小结（略）

简析：以教材为核心来创设的任务学习，教师关注的是如何让学生快速、扎实地掌握知识，教师所创设的任务有明显的指向性，设置的一个个台阶几乎成了程序指令，看似学生积极地参与了学习，但是没有主动性可言。因此，以教材为核心的项目学习，答案将是封闭的，没有创意的，学生的思维得不到充分的调动，课堂失去了活力。

二、 以情境为核心的学习任务

以情境为核心的学习任务体现"有趣"，是教学的突破口，教师通过实物、图片、音乐、语言、表演等教学手段来创设情境，再现教材提供的情境，让学生在不知不觉中达到认知活动与情感活动有机的结合和渗透，使学生的情感和兴趣始终处于最佳状态，全身心地投入到学习之中，从而保证教学活动的有效性。

1. 认识电阻器

师：同学们都知道，我们人体是个导体，那我们每个人的电阻值是否一样呢？

生：应该不一样，胖瘦不一样。

生：人体潮湿时和干燥时不一样。

师：非常好，下面我们以四个人为一个小组，学习电阻的基本知识，填写学习单。

学生通过合作学习，完成电阻单位、分类、符号、作用的学习。

2. 识读电阻

师：（课件展示一个电阻）同学们，老师一看就知道这是个 3.7 兆欧的电阻，你们想不想知道，老师是怎么知道阻值的呢？

生：想！

师：请看动画。（一个色环电阻跳出来，并说着：我叫四环电阻，我的身上有一条条色环线，我的大小就是用色环标注出来的，但哪端是我的头部，哪端是我的尾部，快请同学们帮我找找吧）

师：那我们就帮它来找找吧，请看这三个电阻，有什么相同之处？

生：有一环都是金色的，其余三环颜色有不一样的。

师：对，金色环就代表了什么？前三环又代表了什么？

四个同学合作查阅教材资料学习。

生：金色环代表了它的尾部，另一端就是头部。头部的第一环是色环电阻有效数字第一位数，第二环是有效数字第二位数，第三环是倍率。

师：倍率和倍数一样吗？

学生继续查阅教材资料学习。

生：倍率表示 10 的幂。

师：颜色与数字间存在怎样的关系呢？

生：十种颜色代表了十个数字。

师：怎样又快又正确地知道他们间的关系呢？请看动画,请同学们留意一些词语。（动画：有一个穿着黑（黑 0）领衣服的人，站在棕叶（棕 1）树下，两个脸颊红红的（红 2），衬衫（橙 3）。他看着前方满山的黄柿子（黄 4）发呆，看来他是落伍（绿 5）了，难留（蓝 6）在树下休息了。他就马上起身，一手拎着一桶紫漆（紫 7），脸色由红变成了灰白，另一只灰手拎起一瓶白酒（白9），摇摇晃晃地去追赶前面的队伍了）

生：描绘故事中的词语，很快熟记数字与颜色的关系。黑领（黑 0）、棕叶（棕 1）、两个红脸颊（红 2）、衬衫（橙 3）、黄柿子（黄 4）、落伍（绿 5）、难留（蓝 6）、紫漆（紫 7）、灰白（灰 8）、白酒（白 9）。

3. 尝试识读

师：展示一个红蓝橙金的电阻，请同桌的两个同学一起尝试识读。

生：（上黑板）$R = 26 \times 10^3 = 26\,\text{K}\Omega$

4. 巩固识读

两个同学继续识读练习袋里的电阻,并上展台展示识读结果。

5．评价小结（略）

简析： 教师借助课件,学生从故事中获得学习任务,把学生置身于解决问题的环境中,调动了学生的学习积极性。学生观看相关动画,这不仅给学生留下深刻的印象,使他们充满兴趣和好奇,也弥补了纯粹用语言描述的不足。教学情境是这节课开展教学活动的依托,也是学生主动参与《电阻器》学习的起点和动力,学生可轻松、愉快地掌握知识、解决问题。把学生置身于故事情境中,学生能很愉悦参与教学活动,但或多或少会遏制他们的创新和求异思维。

三、 以探究为核心的学习任务

探究式学习是以学生熟悉的生活实际为研究背景,在调查研究和分析中学会知识的学习、信息的收集和处理、问题的发现与解决,是给学生提供自我发现、自主探究、主动实践、交流合作的机会。相比接受学习,它更注重"积极参与""学习过程""自主探究""合作发展",是一种提高学习能力、发展个性、培养创新精神和实践综合能力的全新的学习方式。①

1．认识电阻

师： 同学们,在《安全用电》中我们知道了人触电的原因是什么?

生： 人体是导体。

师： 对,周二我们学习了万用表,那我们用万用表来测测自己的电阻,小组四个人比较一下,我们的阻值相同吗? 为什么? 如果我们洗一下手,阻值又怎样?

（讲台前放盆水）

2．讨论探究的结果

师： 请小组汇报小组实验结果

——————————————

① ［美］艾丽森·A·卡尔-切尔曼,方向、李忆凡译.教师教学设计：改进课堂教学实践［M］. 福建：福建教育出版社,2018：95—99.

生： 四个人之间的阻值不一样，洗过手后，每个人的阻值都变小了。

师： 那阻值大时的单位和阻值小的单位一样吗？我们人体的阻值会变，那我们练习袋里的电阻，他们的阻值会变吗？

（学生探究，用万用表检测等等）

通过小组讨论、思考、探究，学生归纳电阻的基本单位是欧姆，阻值大时单位用千欧和兆欧；人体的电阻是变化的，相当于是个变阻器，练习袋里的电阻阻值不会变化，就是个定值电阻；他们的符号也不同，但作用相同。

3. 探究定值电阻的识读

师： 练习袋里的电阻都是定值电阻，请同学们观察它们身体上的特征，为什么有一条条颜色线？这些颜色线分别代表什么意思？你能找出其中的奥秘吗？

学生以小组为单位，查资料、看教材等方法探究色环电阻的识读，汇报探究结果：

生： 这些电阻叫色环电阻，我们练习袋里的电阻是四条环，就叫四环电阻。

生： 要知道它的阻值，先确定头部和尾部，识读从头部开始读。

生： 尾部是有明显标志的，一般都是用金色环，它表示误差。金色是±5%，也有银色环，表示误差±10%。

生： 前三环可以有十种颜色，代表十个数字，黑0、棕1、红2、橙3、黄4、绿5、蓝6、紫7、灰8、白9。

生： 第一环表示有效数字第一位数，第二环表示有效数字第二位数，第三环是倍率。倍数与倍率不同，我们识读到一个电阻，红绿黑金，一开始我们计算出来是0欧姆，再通过万用表检测一下是25欧姆，就发现倍率是10的幂。

生： 我们识读的结果与万用表检测的结果有的一样，有的不一样，为什么呢？

师： 这个问题非常好，为什么呢？我们再来探究吧！

生： 金色环代表误差，如果在允许范围内，这个电阻还是符合质量要求的。

……

4. 评价小结

总而言之，同一节课，不同的教学设计，产生了不同的教学结果。

课例 1 注重教材的使用，沿着知识的递进按部就班地完成学习任务，这样的学习任务能暂时让学生记住色环电阻的识读，但因为没有思维的碰撞、学习中的困惑等，或许很快就会忘记，课堂气氛非常沉闷，学生不感兴趣，更没有学习热情。

课例 2 非常注重激发学生的学习兴趣，学生对于动态的故事很感兴趣，加快他们识读色环电阻的方法，但我仍没有跳出"步步为营"的思路，总是像指挥棒一样牵引着学生走，没有给学生充裕的时间、空间去思考，学习中没有足够的自由度，因此学生的创新思维、探究欲望会受到阻碍。

课例 3 以探究学习为核心来创设一系列学习任务，教师舍弃了课例 2 中的故事情境，创设不同的探究任务，真正激活了学生的思维，让学生体验到了学习电工的成功和快乐。课例 3 从两个方面吸引了学生：

第一，开放了任务。从探究人体阻值的变化出发，学生可选择工具来检测自己的人体电阻，了解了人体阻值是会变化的，在获得电阻种类、单位、符号、作用等方面的知识也是各显神通，教师不限制获取知识的途径。色环电阻的识读，任务更是开放富有挑战性，因为学生从来没有接触过色环电阻，要通过探究获得电阻识读的方法的确有难度。但就是这种富有挑战性的任务，能激发学生的探究欲望和强烈参与探究的要求。

第二，开放了思维。进入定值电阻的学习，教师没有给学生搭建"脚手架"，而是创设了"观察定值电阻身体上的特征，为什么有一条条颜色线？这些颜色线分别代表什么意思？你能找出其中的奥秘吗？"三个问题，把时间、空间完全交给学生，让他们以小组为单位进行探究。由于在学习中会碰到困难和组员间意见不统一，他们会阐述自己的观点，甚至引起争论，如红绿黑金这个电阻，由于第三环是黑色环，肯定会有不同答案，粗心的学生识读出来是 0 欧姆，组员间展开讨论，反复琢磨，并通过万用表来验证。当大家阐述自己的意见，使学习中障碍、问题得以解决，学生的思维就处于兴奋中，真正体现了探究学习的价值——使不同水平的学生都获得学习的成功。

一句话，创设有意义的学习任务是个值得我们不断探索的新课题，将它运用于我们的劳技教学中，一定要把握度，不能牢牢控制学生，也不能放任自流。只有通过不断的实践与反思，合理规划每节课的学习任务，灵活结合，才能真正吸引学生的注意力，激发学生学习劳技电工的兴趣和热情，并获得学习的成功，体验到学习技术的乐趣。

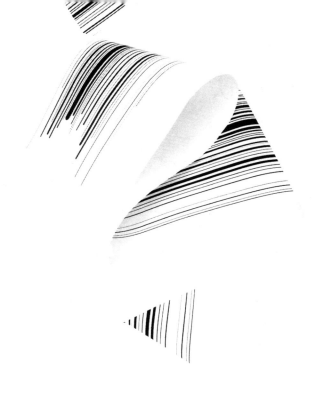

第四章

磁性课堂的智慧

杜威说："改进教学方法唯一的直接的途径，就是把学生置于必须思考、促进思考和考验思考的情境之中。"课堂教学不但要有好的资源、有趣的学习过程，且每一堂好课的每一个环节都是动态生成的，我们不能死守预先制定的教学方法和步骤，应尽量忘掉课堂之形，使教学过程经得起琢磨，处处蕴含张力和智慧。

第一节　聚焦完整的人

　　劳动技术课程是中小学阶段一门具有实践性、综合性、创造性的基础型课程，是中小学生技术学习领域的重要组成部分。课程以技术的使用和理解为主线，以材料与工具、符号与原理、加工与制作、使用与维护等方面的知识与技能为学习内容，通过设计、制作、评价、使用与维护等一系列技术探究实践过程，为学生提供知识应用、技能实践、问题解决和技术创新等学习经历，提高学生的技术素养。让学生逐步理解技术与科学、社会、环境的关系，形成客观公正地评价技术、有效地管理技术的意识；让学生融入现代技术社会，成长为"会动手、能设计、爱劳动"的未来社会建设者。[①] 可见，劳技新课程强调素质教育，重视人的发展，提倡课程应与生活相联系。因此，在教学过程中，教师应以鼓励学生主动参与、主动探究、主动思考、主动实践，构建以学生为主体，具有教育性、创造性、实践性、操作性的教学环境，实现学生多方面能力综合发展。

　　"三维目标"是在课程标准的要求下制定的，但如果教师忽略了目标设计的灵活性、合理性、针对性，就会导致课堂教学效果不够理想。我们在众多的劳技教学听课、评课活动中发现，同一教材内容，面对不同的学校、教学对象所体现的三维目标大同小异，这就使得有些教学目标过于单一、保守，有的甚至牵强，以至于影响教学的有效性，降低学生的学习积极性。

　　一堂课的成功与否，关键是对教材的领悟，对教学目标的有效设定。笔者有幸参加了上海市教研室组织的"初中劳技教学要求"的编写工作，结合多年的教学经验，认为要正确、合理确定一个单元或一堂课的三维目标，必须要做好三个方面的工作、设定的策略、遵循五个原则。

一、设定三维目标的准备

　　1. 分析教材。劳技有两套统编教材，科教版和上教版，我们劳技中心还自

---

① 上海市教育委员会.上海市中小学劳动技术课程标准（试行稿）[M].上海：上海教育出版社，2005：25—27.

编校本教材等。不管使用何种教材，教师应该厘清本本节课或本单元在课程中的地位和作用，把课程标准和教材信息转化为自己内在的信息，吃透教材，关注内容的重难点、所要落实的知识点、培养的技能点、学习的合作点、探究的讨论点、思维的发散点和情感的激发点。

2. 了解学生。了解学生是教学成功的关键，劳技教学的特殊性，学生来自不同的学校、不同的班级，教学时间的集中性，教师与学生的关系就像生产流水线，快而短促，制约了教师对学生的了解，从而影响课堂教学的效果。但是，我们面对的年级和学校不变，所以，我们教师可以做个有心人，对每所学校学生的学风、校风、纪律、习惯等等做个记载，跟基层保持沟通等，多渠道的、多方位地了解学生，力求知道每期学生的现有能力水平、学习需求、学习态度、学习习惯、思维特点，在课堂上多关注学生的个性差异、认知能力、生活经验，从而设定合理地三维目标。

3. 重组内容。我们在分析教材、了解学生的基础上，还需结合以前的教学经验、运用的教学媒体对教学内容的顺序、技能点的难易进行重组、调整、加工和提炼。劳技教育教学秉承"让学生在学习基本的技术知识和操作技能的基础上，逐步提高解决技术问题的能力；在技术活动的开展过程中，采用积极的思维和行为方式，学会使用技术，敢于技术创新"[①]。所以我们重组教学内容应力求缩小学生间动手能力的距离，有利于学生在技术学习中积极思维、操作认真、领悟技术的含义，有利于培养学生的观察能力、探究能力和创造能力。

二、 设定三维目标的要领

三维目标是指教育教学过程中应该达到的三个目标维度，即： 知识与技能、过程与方法、情感、态度与价值观。[②] "三维目标"是教学目标的三个方面，而不是三个独立的教学目标，它们是统一不可分割的整体。

1. 一维目标——知识与技能： 又称结果性目标，是对学生学习结果的描

---

① 上海市教育委员会.上海市中小学劳动技术课程标准(试行稿)[M].上海：上海教育出版社，2005：29—31.
② 吕鑫祥.上海市中小学劳动技术课程标准解读[M].上海：上海科技教育出版社，2006：16.

述，即学生通过学习所要达到的结果，又叫结果性目标。知识类目标主要指学生要学习的核心知识和学科基本知识，用"了解、知道"为第一级目标，第二级目标为"理解"，第三级"运用"。技能类目标是指通过实践操作而形成的对完成某种任务所进行的活动方式，也分为三级，第一级为"初步学会"，第二级为"学会"，第三级为"应用"。①

知识与技能的目标设定，始终得记住，这是给学生设定目标，因此一维目标一定要用行为动词来描述，并加以细化。其表述的是基本的、共同的、学生能达到的目标，也就是真实有效地，而不是理想化的、无法实现的。教师可依据学生的实际情况进行二次加工，真正能落实到位。以《晶体三极管》为例，知识与技能：（1）了解三极管的内部结构、符号和分类；（2）学会借助万用表识别三极管的三个管脚；（3）尝试用面包板搭建电路；（4）理解三极管的作用。其中（1）和（4）为知识类目标，（2）和（3）为技能类目标。学生在晶体二极管的知识基础上学习三极管，我进行了整合和加工，用万用表识别管脚、在面包板搭建电路理解三极管的作用，步步入深，循序渐进，知识与技能融为一体，降低了难度，激发了学生探究的欲望，也符合初中学生的年龄特点。

2. 二维目标——过程与方法：又称程序性目标，是实施教学的关键，是学生在教师的指导下，如何获取知识和技能的程序和具体做法，劳技课程特别强调三个过程：做中学、学中做、反思。过程，其本质是以学生认知为基础的知、情、意、行的培养和发展过程，一般指学习环境和交往、体验。方法，主要指学生在学习的过程采用的方法或基本的学习方式，如自主学习、合作学习、探究学习。即让学生了解、形成学科知识的过程或"亲历"探究知识的过程；学会发现问题、思考问题、解决问题的方法。以《晶体三极管》为例，过程与方法：（1）通过思考、讨论，了解三极管的内部结构；（2）通过使用万用表，掌握识别 9013 管三个管脚的方法；（3）通过搭建电路，理解三极管具有放大电流的作用。一般用"通过 XX 方法"。

3. 三维目标——情感态度与价值观：又称体验性目标，是学生对过程或结

① 贺明菊.上海市初中劳动技术学科教学基本要求［M］.上海：上海科技教育出版社,2018：说明 2.

果的体验后的倾向和感受，是对学习过程和结果的主观经验。情感是指学生的需求是否得到满足时所产生的态度体验，这不仅指学习兴趣、学习责任，更重要的是乐观的生活态度、求实的科学精神、豁达的性格情操。价值观可指对问题的价值取向的认识，也可指学生对教学中问题的价值取向或看法。让学生形成积极的、健康向上学习态度，具有科学精神和正确的世界观、人生观、价值观，从而使学生内心确立起对真、善、美的价值追求，成为有社会责任感和使命感的社会公民。以《晶体三极管》为例，情感态度与价值观：（1）借助万用表识别管脚，提升观察和合作能力；（2）通过电子器材搭建电路，提高识图、探究能力。

在落实三维目标的教学活动中，要以"知识与技能"为主线，运用合适的"过程与方法"，渗透"情感态度与价值观"。可见，知识与技能离不开过程与方法、情感态度与价值观，而过程与方法、情感态度与价值观也离不开知识与技能。只要教师真心实意地教，创造一切机会让学生获得最大的成功，学生一定会积极、主动、感兴趣地学。

三、 设定三维目标的原则

劳技课堂教学三维目标的设定，必须遵循以下几个基本原则：

1. 科学性："三维目标"的确定要具有科学性，目标的实现过程要与学生的身体发展和心理发展顺序相一致。

2. 合理性："三维目标"的确定要遵循合理性原则。这里既包括教学计划所提出的各项指导目标要与新课程教育目标相符合，教学目标与教学内容应密切联系形成有机的整体；同时教学目标的确定应真正体现以学生为主体，考虑到每一个学生的需要。

3. 教育性："三维目标"的确定要有一定的教育性和思想性，要有利于培养学生思想品德素养，是否有利于陶冶学生的情操、愉悦学生的身心、拓展学生的知识、发展学生个性。

4. 可行性："三维目标"的确定要在国家统一要求基础上考虑地方、学校、学生的实际情况；要为学生的自主活动准备必要的材料和活动场地，保证教学目标的顺利完成。

5. 连贯性："三维目标"的确定应贯彻统一原则。不管其按照"阶梯式"还是"螺旋式"都应遵循从易到难、从简到繁、从形象思维到逻辑思维的过程，注意情节的过渡和知识体系的统一。

"三维目标"的设定，既要符合课标的要求，又要符合教学实际的需要；既要有统一的基本目标，又要有个性化的目标。把握好三维目标的设定，教学目标才能真正体现新课改的要求。

总之，新课程倡导课堂教学要实现多维目标： 知识与能力，过程与方法，情感、态度与价值观。知识与技能，既是课堂教学的出发点，又是课堂教学的归宿。教与学，都是通过知识与技能来体现的。新课程倡导对学与教的过程的体验、方法的选择，是在知识与技能目标基础上对教学目标的进一步开发。情感、态度与价值观，既是课堂教学的目标之一，又是课堂教学的动力系统。劳技课程倡导对学习的情感体验、劳动态度的形成、价值观的体现，是在知识与能力、过程与方法目标基础上对教学目标深层次的开拓，让学生成为一个具有完整品格的人。在课堂教学中，我们不能顾此失彼，而应该努力实现多维目标的整合。

第二节　以学定教

教学设计大致可以分为以学定教、以案定教、以教定教这三种。以案定教，教师心中只有教案，教学是为教案服务，不顾及学生的基础、情感和生命发展；以教定教，教师心中只有自己，忙着灌输知识、传授方法，全然不顾及、不考虑学生喜不喜欢，接不接受；而以学定教，是依据学情选择教学的内容、方法和策略，教师做到目中有学生，尊重学生、以生为本，真正体现教学是为了学生的发展，让每一位学生达到最优化的发展。

以《安全用电》为例，对于初中学生来说，用电的安全意识不是很高。但我们的生活、学习等，都离不开电。电，是我们人类最熟悉的能源，它虽是我们的朋友，但绝对不是忠实的朋友。生活中许许多多惨痛的案例，无不说明电的危险和可怕。如何让学生认识到电的重要性、危险性，做到规范的使用电，并养成安全用电的习惯，根据学生情况，我通过案例分析、观察思考、交流讨论等方法确定教学内容、教学目标。教学过程，是动态的过程，有很多不确定因素，学生的想法、回答都不一样，老师应善于引导他们归纳总结。

一、教学内容分析

《安全用电》选自上海教育出版社出版的八年级《劳动技术》试验本中的"前言"，属于八年级第一学期的教学内容。"前言"主要要学生了解生活与电的关系和安全用电知识。安全用电方法的教授应用 1 课时完成，包含的知识：人为什么会触电？安全电流与安全电压各是多少？触电的危险性与哪些因素有关？触电的常见形式有几种？安全用电预防措施有几条？遇到有人触电或电气火灾事故，怎样应急？

学好这部分知识，能为学生树立安全用电的意识，为后面照明电路的安装和电子技术的学习打下良好基础。

二、 学情分析

初二学生，刚接触物理，要让学生清楚地理解安全用电方面知识，有很大的难度，所以我就根据教学内容制作了课件，增加直观性，方便学生理解。因为是初二学生，安全用电方面的意识不强，我就收集了好多触电事故和电气火警的案例，特别是发生在我们松江的事故，引起学生对安全用电的重视。

三、 目标预设

1. 知识与技能： 了解触电原因、常见形式，知道安全电压；知道安全用电措施，掌握安全用电原则；知道触电急救措施、电气火警的急救措施和自救办法。
2. 过程与方法： 观看课件演示，明白触电的原因、常见形式；小组合作探讨，知道安全用电的原则和措施；集体讨论、交流，了解触电急救措施、电气火警自救办法。
3. 情感、态度与价值观： 在安全用电的学习中，增强安全用电的意识；通过触电急救措施和电气火警急救措施的学习，增强生命意识。

四、 教学流程

本节课预设的教学重点为安全用电措施，难点为急救措施。可采用生活中触电、电气火警案例引发学生对电有危险性的认识，让学生在交流讨论中掌握触电急救措施和电气火警急救措施。教学流程为： 复习导入→理论学习→交流讨论→归纳总结。

（一） 复习导入
师： 电与我们生活的哪些方面有关系？
生： 衣食住行、信息科技等。

生： 我们身上穿的衣服由电动缝纫机缝制，我们吃的饭喝的水有饮水器烧煮，我们居住的房子需要照明，我们出行有电动汽车、电梯、地铁等，我们的电脑、手机需要充电等。

活动意图：通过复习回顾旧知过渡到新授课。

（二）**理论学习**

师： 我们的生活离不开电，那电是我们人类的朋友吗？ PPT 展示触电事故和电气火警案例。

学生看案例，思考电为何触死人；电到底是人类的朋友还是敌人。

生： 电给我们提供方便时，是人类的朋友；如果有人违规使用，那它就是我们人类的敌人。

活动意图：通过案例分析、思考和交流，明白电的双重特点，不能大意和小觑。

师： 人为什么会触电？板书： 一、触电原因

生： 因为人是导体。

师生归纳： 因为人体是导体，人体触及带电体时，有电流流过人体到大地或其他导体，这种情况就是触电。大地或其他导体使电流形成回路，导致人体触电。

活动意图：明白触电的原因。

师： 触电时的危险性与哪些因素有关？哪个危险性最高？

动画展示： 电流大小、通电持续时间、电流通过人体的部位、人体皮肤干湿等情况。

生： 电流越大，人的生命就越危险；其次，应该是通电时间；再是电流流过人体的部位，手到脚最危险；最后是人体皮肤干湿情况，人体潮湿比干燥危险。

活动意图：知道触电的危险性与电流大小、通电持续时间、电流通过人体的部位、人体皮肤干湿等情况有关，而且还应明白电流的大小是最关键的。

师： 多少电流流过人体就会危及生命呢？什么叫安全电流？播放动画。

生： 30 毫安的电流流过人体，人的生命就有危险。

活动意图：了解1毫安、10毫安等不同的电流值对人体的危害和反应，加强感性认识，引起学习兴趣和对安全用电的重视。

师：什么叫安全电压？播放微视频。

生：安全电压是36伏。

师：对，在一般情况下，也就是干燥而触电危险性较大的环境下，安全电压规定为36伏。但在工作中，36伏也触死过人，那是什么原因呢？

生：讨论分析，并交流：可能是环境的问题、人体潮湿等。

师：特殊情况下，如潮湿的环境中、管道内施焊检修、水上作业，安全电压分别规定为24伏、12伏、6伏。现在，安全电压一般规定为24伏。

活动意图：明白不同的工作场所，安全电压值是不同的。

师：电危险，我们应规范用电，几乎所有的人都知道。但是，每一年还会发生很多触电事故。那么到底是什么原因引起的触电呢？接下来，我们学习触电的常见形式。板书：二触电的常见形式

师：什么叫单线触电？人接触了相线还是零线？播放动画。

生：人体接触了一根线。

生：人体接触的是一根相线。

师生归纳：人体与电路中的相（火）线接触，电流从相线经人体流入大地或到其他导体，这样引起的触电称单线触电。

师：请同学们讨论，单线触电往往是由什么引起的?

生：小孩玩，用铁丝触碰了插座的相线孔。

生：电器漏电等。

师生归纳：单线触电事故多数是用电器外壳漏电所造成的。因为有的电器外壳是金属的，没有安装可靠的接地线。

活动意图：通过动画演示单线触电的过程，更能触动学生思考单线触电的原因。

师：有单线触电，那么第二种触电应该是什么呢?

生：双线触电。

师：什么叫双线触电？播放动画。

生：人的两只手分别接触相线和零线。

师：　人站在干燥的木凳子上，一只手接触了相线，为什么没有触电？

生：　因为凳子是干燥的。

生：　干燥的凳子把人和大地隔开了。

师生归纳：　人体的一部分与相线接触，另一部分与零线接触，人体成了电路的一部分，这样引起的触电称双线触电。而人站在木凳子上，人的一只手虽然接触了相线，但没有形成回路，所以没有发生单线触电事故。

师：　发生双线触电事故，多数是有什么引起的呢？

生：　维修时，工人的两只手接触到了相零线。

生：　这个人带电操作。

师生归纳：　双线触电事故多数是在检修、安装（线路或用电器）时，未切断电源，带电操作不当所造成的。

活动意图：通过动画演示双线触电过程，明白双线触电的原因，明白维修或检修、安装线路时必须断电，不能带电操作。

（三）　交流讨论

师：　讲述 2018 年 7 月 28 日发生在松江区石湖荡镇洙桥村，一工人在河塘边干活时，电闪雷鸣，发生了触电事故。高压触电分两类，高压触电有两类，一是高压电弧触电，二是高压跨步电压触电。播放动画，思考什么原因。

生：　高压电会放电。

生：　高压电线掉在地上，地是湿的，大地就带电，人经过就会很危险。

师：　高压电弧触电是指当人体靠近高压带电体到一定距离时发生的高压电弧触电。高压跨步电压是指当高压（6000 伏以上）电线掉落在地面上，会使着落点周围 20 米范围内有跨步电压。当人经过这范围区域，导致电流流过人体而造成的触电。

生：　所以，高压电塔一般都会有"高压危险，禁止攀沿"等禁止标志。

师：　两只脚踩在不同的电位上，哪只脚的电位高？

生：　靠近电线断头的那只脚电位高。

师：　当大地带电，距离断头多少米范围内是危险的？

生：　断头 20 米的范围内危险。

师：　请大家思考，如果有人要经过此地，怎样保护自己的生命？或采取什么保护措施？

生：　穿绝缘鞋、戴绝缘手套。

生：　绕行。

生：　双脚并拢跳过去。

生：　打电话求助，让专业的人员来修理。

师生归纳：　碰到高压电塔、高压设备不要靠近；看到高压电压掉落地面，不要轻易走进去。

师：　为什么高压电线上的麻雀会安然无恙？

生：　因为麻雀的脚是绝缘的。

生：　不对，麻雀的脚承受不了这么高的电压。

师生归纳：　因为麻雀的两只脚站在同一根高压电线上，两脚之间没有电位差，所以没有发生高压触电事故。

活动意图：通过高压触电微视频，让学生知道高压电的危险，并能运用所学知识解答麻雀为何不触电。可以让学生双脚并拢了跳一跳，体验两脚之间没有电位差。但必须告诫学生，一旦看到高压电线掉落在地上，绝对不能盲目进入，哪怕双脚并拢也不能跳进去。

师：　那么，我们怎么做到保护自己，不发生触电事故呢？我们来学习安全用电原则。板书：　三、安全用电原则

生：　朗读"不接触低压带电体，不靠近高压带电体"。

师：　低压是指多少伏电压？高压又为多少？

生：　低压是指 24 伏。

师：　24 伏是低压？想一想，36 伏是什么电压？

生：　24 是安全电压。

师：　对，24 伏是安全电压，不是低压，低压不等于安全电压。这里的低压是指生活中的交流电，220 伏、380 伏。在国家高压、低压的一些教材中规定，1 000 伏以下为低压，1 000 伏以上为高压。

师生归纳：　不接触低压带电体就能避免单线、双线触电；不靠近高压带电体就能避免高压触电。

师：　下面的案例，请同学们分析，分别是什么类型的触电事故。2007年6月28日，河北一名大三物理系男生私接电线触电身亡；松江供电局在2005年末统计，泖港的一名电工在维修电路时触电身亡，车墩和塔汇的两名电工在对高压电线杆移位时触电身亡。

生：　男生私接电线，是双线触电事故；泖港的这名电工维修电路时触电身亡属于双线触电，车墩和塔汇的两名电工在对高压电线杆移位时触电身亡属于高压触电。

活动意图：通过读一读、议一议、说一说，牢记安全用电原则。

师：　我们怎么来预防触电事故的发生呢？请同学们自学教材第4页8条预防措施，有疑问请先以小组单位讨论，再举手交流。PPT上播放8条预防措施。板书：　四、安全用电预防措施

八条预防措施：　1．防止电路、电器绝缘部分损坏，保持绝缘部分的完整和干燥，要定期检查；　2．电器装置的安装要符合安全规程要求，做到安全合格（不采用一线一地制），不乱拉电线。采用安全接地措施，必须安装熔断器和漏电断路器；　3．普通照明电路上不可使用电炉和空调等大功率电器，应单独给大功率电路敷设专线，否则电线发热、绝缘层老化，会造成短路，引发火灾事故；　4．必须使用符合国家标准的电器；　5．不用湿布擦抹电线和电器，必要时可断开总开关，切断电源；　6．潮湿的地方应使用拉线开关，禁用床头开、灯头开关。活动电器停用后，应断开开关，拔下插头；　7．维修时不带电操作；　8．不使用超过期限的用电器。

生：　什么叫一线一地制？哪些行为为乱拉电线？

生：　多少功率的电器为大功率电器？普通照明电路上为何不能使用大功率用电器？

生：　家庭常用电器的使用寿命各为多少？

师生归纳：　学生提出的问题，可以先组织大家讨论，以小组为单位进行交流汇报，最后一起归纳。如照明或电器设备的一线一地制就是将一根相线接入用电设备，零线接到大地，导致大地周围带电，这种用电方法很危险，严格禁止。乱拉电线可能导致线路超载、过负荷，容易引发火灾事故；大功率电器指一般将直接使用220伏交流电、大于1 200瓦的用电器称为大功率电器，照明电

路的芯线比较细，只有承担小功率电器，如在照明电路上使用大功率电器，容易导致线路老化加速，绝缘层击穿损坏，酿成火灾事故。

师：电器和家里敷设的电源线有没有寿命？

生：应该有的吧。

生：应该有。

师：所有的电器有使用寿命，就是敷设在墙壁里电源线也有寿命。一般，电源线的使用寿命一般为 20 年，家里的常用电器，如电视机 8—12 年、电脑 5—10 年、冰箱 10—12 年、空调 8—15 年、洗衣机 10—12 年、电热水器 10—15 年、燃气灶 10—15 年、油烟机 8—12 年。说明，电器的使用寿命和使用者的使用习惯及保养习惯有很大关系，不能一概而论。

师：我们如何鉴别超过期限的用电器呢？

生：电视机的话，屏幕不清晰了，有雪花。

生：空调如果老化了，会不制冷或制冷效果差。

生：洗衣机老化了，衣服洗不干净。

生：电脑老化了，启动速度慢，容易死机等。

师生归纳：使用老化的电器容易发生用电事故，而且还费电。

活动意图：通过预防措施的学习，特别对一些概念的学习，学生的知识面拓宽了，最重要的是安全用电的意识增强了！

师：我们怎么预防触电、电气火警事故呢？板书：五、急救措施。如果有人触电了，我们能否直接去拉？

生：不能，绝对不可以。

生：如果用手直接去拉，自己也会触电。

师：那我们怎么急救？先要做什么？

生：先断电，可以断电的地方有用电器的插头、配电箱的开关、用电表总电闸。

师生归纳：立即切断电源，或用干燥木棒（绝缘物）将电线从触电者身上挑开。当触电者脱离电源后，立即将其移到干燥通风处，并拨打 120，在等待医生到来前，根据其受伤程度施救。

提示：若触电者神志不清，甚至呼吸、心跳停止，必须立即进行人工呼吸。

师：课件展示三起火灾事故：电脑长期使用和老化的用电器引发的，提问：若电器引发了火灾，我们能直接用水泼吗？我们能施救吗？若能，怎么施救？

生：不能用水泼，如火势小，能施救的话，必须断电后再施救。

师生归纳：带电的火，不能直接用水泼，万一水蔓延到脚，人会触电。火势小，先断电再用水泼、灭火器或黄沙灭火；若火势大，逃离火灾现场。

活动意图：惨痛的案例能警醒学生，不能长期使用电脑等设备，掌握正确的急救措施，增强处理事故的应急能力和生存能力。

师：查找身边的不安全用电现象，我们如何制止不安全用电行为？

生：电脑、电视机等长期处于待机状态。

生：有的人在给手机充电时玩游戏、打电话。

生：用导线很长的拖线板给电瓶车充电。

生：过度充电。

师生归纳：增强安全用电意识，用电安全，是保护我们生命安全、财产安全的重要条件。

活动意图：发现和查找身边不安全用电行为，能牢固树立安全用电意识。

（四）归纳总结

师：这节课我们学习的安全用电，请问，你有什么收获？有什么感触或心得？

生：深受启发，发现身边有很多不良的用电习惯，譬如爸爸妈妈经常在手机充电时，看视频、看文章，甚至接听电话。

生：学了安全用电以后，我会做到给不再使用的电器切断电源。

生：我们不应该使用超过使用期限的电器。

生：好多触电事故、火灾事故是可以避免的，我们按时、定期检查线路和电器的好坏。

生：我以后看到家人不安全用电，我会制止他们。

活动意图：课堂总结能帮助学生梳理、巩固学到的新知识、提高表达交流的能力。

综上所述，我们从初二学生的角度出发，充分考虑了学生的现有基础和需求，通过"问题式"教学方法，在师生共同努力下，顺利完成了教学内容。我还设计了一份学习单，引导学生自主学习和讨论、探究相关知识，内容是层层深入，循序渐进。整节课，我完全以学生为主体，给学生思考、讨论、回答问题的时间和空间，充分发挥了学生的主体性。

第一，教学环节与目标达成度。导入部分，我感觉不错。以"电是我们人类的朋友还是敌人"请学生思考、回答，得出安全、规范用电——电就是我们人类的朋友；不安全、不规范用电——电就成了我们人类的敌人，我就顺着学生的答案顺利过渡到"怎样使电成为我们人类忠实的朋友"，从而引入"安全用电"。

新授环节是触电原因、形式、原则、预防措施、应急措施，学生都能积极主动地参与讨论、交流，在应急措施这一块，我感觉自己讲得稍多了点，完全可以放手让学生来讲。特别是万一遇到此类事故的发生，可多请几个学生发言、交流，这样更能提高学生的应急能力，或者还可利用我们电工班来进行演练等。

总结环节，我让学生来畅谈，由于学生第一次来到劳技中心，与我只有两节课的接触，对初二的学生来说，有点压力，所以学生有点拘谨。但总体来说，学生基本说出了自己的感受或收获。

第二，多媒体与黑板结合。电，对学生来说既熟悉又陌生。他们天天在用，但自己亲身经历过触电事故、电气火警事故，毕竟是少数，所以学生对安全用电的意识相对较弱。如何引起学生的重视和警觉：一、我收集发生在我们本区的不安全用电事故，学生熟悉的人如达人秀冠军刘伟等案例以文字、图片形式展示；二、用 flash 软件制作成视频展示，如不同的电流值对人体的反应和感觉、跨步电压触电等。我能熟练使用多媒体技术，通过 PPT 文字演示与 flash 动画链接结合，将案例清晰地一一展示，吸引了学生的注意力，也触动了他们的思考。

人是通过各种感官来获得信息的，其中：视觉占83％，听觉占11％，嗅觉占 3.5%，触觉占 1.5%，味觉占 1%。^① 由此可见，黑板的最大功效，就是给学生提供了视觉方面的信息。而多媒体是不能始终呈现整个教学内容的，因此，我精心设计了板书，将"触电原因、触电常见形式、安全用电原则、预防措施、急救措施"这一教学步骤简要书写在黑板上，让学生获得有效的信息，牢固地留在他的记忆中。

总之，这节课通过精心的教学设计，有效的课堂组织，顺利地完成了教学，达到了既定的教学目标。

---

① 王丹.知识可视化工具在教学中的应用研究［J］.软件导刊(教育技术),2013,12(7)：33—34.

第三节　知其所以然

　　检验学习成效的最好方法是"知其所以然"，我们先帮助学生理解新知识、巩固新知识，并在新旧知识间建立关联，将学到的知识转为自己的认知或技能。劳技教师可以引导学生表达、交流、探讨自己观察到的现象、理解后的想法或观点，形成科学的逻辑，达到知其所以然。我们应使每一堂课蕴含巨大的生命活力，让学生在课堂中发挥自己的聪明才智、潜能特长，使课堂活起来、学生动起来。因此，我们要改变教学围着书转的习惯，通过动手实践让书围着学生转，真正开发课堂教学的生命力。

　　以《电容器》为例，学生几乎天天在使用，但就是不知道而已。如手机、新能源汽车、电蚊拍、电警棍等，这些电器使用的电池大多是电容器。我从水容器能储存水引入到电容器储存电荷，再学习电容器相关知识，运用万用表欧姆挡检测电容好坏、充放电功能，使学生了解电容器的作用，知其所以然。

一、单元分析

　　电子放大电路是电工课程的第 2 单元。本单元的学习目标：

　　1. 识读元器件的名称、符号及标称方式。①认识电阻器的名称、分类、符号、单位和阻值识读方法；②知道电容器名称、分类、符号、单位和标称方式；③认识二极管的名称、分类、符号和标称方式；④知道三极管的名称、分类、符号和三个管脚的识别；⑤认识扬声器的名称、分类、符号。

　　2. 说出电容器、二极管的极性及作用。①能判断电容器的极性；②知道电容器的作用；③能判断二极管的极性；④知道二极管的作用；⑤能判断发光二极管的极性和知道其作用。

　　重点与难点：简单放大电路和控制电路实践应用活动中，了解电子元器件基本工作原理、连接方法，并获得相关简单电子产品设计的一般方法；在对电路的调试、故障的检测与排除实践中，提高解决技术问题的能力。

　　《电容器》属于本单元第 3 节内容。或许好多初中学生没有听到过电容器这个词，但没有一个学生没有用过，如手机的电池、变压器、收音机、电动汽车等等。电容器是由两个电极及其间的介电材料构成的，是电子设备中大量使用的电子元件之一，具有充放电功能，还广泛应用于电路中的隔直通交、耦合、旁路、滤波、调谐回路、能量转换、控制等方面。

怎样将生活中所见所闻运用到学习中，并把电容器知识与技能串联起来，构成一个系统的、有条理的结构，是我设计本课的目标。通过梳理，根据知识由易到难、循序渐进的特点，我把整节课从水容器导入引出电容器，进而转入电容器的学习，分成八个环节：分类→符号→单位→识读→极性→检测→作用→运用，其中重点是识读，要学生学会定值电容器的两种识读方法，难点是用万用表检测电容器的好坏。初二学生刚接触物理，但对电容器的识读和检测还是相当难的，因此，我设计本课基于"问题引领、合作学习"为抓手，借助电解电容和一般电容，让学生先观察电容器外壳上面标注的参数，借助学习单查找，并记录，再一起交流识读结果，巩固新知。检测电容器，目的是让学生根据检测结果判断电容器的好坏，检验学生使用万用表的方法是否正确，初步探讨坏的电容器的原因，层层递进深入，易于学生接受。重点和难点，都借助学习单和交流汇报，具有趣味性和可操作性，调动学生的动手、动脑、思考和分析的热情。在识读和检测过程中，也能巩固电容器种类、单位、符号、极性、作用等知识，技能服务于知识，更能使教学过程一环扣一环，难易有度。

二、 单元教学结构图

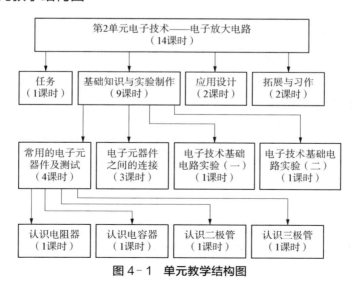

图4-1　单元教学结构图

三、 目标预设

1. 知识与目标： 知道电容器的种类、单位及符号；了解电容器的作用和运用；初步学会使用万用表检测定值电容的好坏；掌握识读定值电容器容量和判别电解电容极性的方法。

2. 过程与方法： 通过观察图片、实物等活动，知道电容器种类、单位、符号；通过阅读资料、集体学习等活动，掌握定值电容器的识读方法和判别电解电容极性的方法；通过使用万用表的欧姆挡位，初步学会检测电容器的好坏；通过讨论、交流活动，列举电容器的作用和运用。

3. 情感、态度与价值观： 通过对定值电容器的识读，提高学生自主学习和合作学习的能力；借助万用表判断电容器的好坏，培养学生严谨细致的学习态度。

四、 教学过程

根据教学目标、学生基础，本课的教学重点为识读定值电容器的方法，教学难点为检测定值电容器的好坏。教学流程为问题导入→新授知识→动手实践→总结评价。

（一） 问题导入

师： ①储存水的器皿叫什么？②如果有个容器里储存的是电荷，那么这个容器又叫什么呢？③同学们听到过电容器吗？使用过吗？请学生观看电容器图片。

生： 看图回答问题。

生： 观看电容器图片，尝试回答相应问题。

活动意图说明：借助常用的生活用品和问题，以激发学生学习兴趣。

（二） 新授知识

师： 介绍什么叫电容器？出示课题。

生： 看书，回答问题；看图片了解电容器种类，认识电容器的外形，看

PPT 展示：

板书： 一、 电容器的种类

1. 从结构分： 电容器可分为定值电容器、可变电容器、半可变电容器

2. 从介质分： 略

板书： 二、 电容器的符号

1. 文字符号： C

2. 图形符号： —||—

板书： 三、电容器的单位

法拉、微法、皮法

简要介绍法拉第

板书： 四、电容器的识读

师： 这节课，我们主要学习定值电容器，那么我们怎么知道它的容量和其他参数呢？

生： 看教材，回答电容器型号的命名方法。

师： CCG1 是怎样一个电容器？

生： 根据学习单回答问题。

师： 电容器的主要参数有哪些？什么叫标称值？

生： 看资料回答，电容器允许误差和额定工作电压。

师： 电容器的标志方式有几种？

生： 两种。

生： 直标法和色标法。

师： 什么叫直标法和色标法？请举例说明电解电容和一般电容的识读方法。

生： 直标法就是将电容器的容量、误差、工作电压直接标在器件上。

师： 色标法，我们可运用色环电阻的识读方法来识读。

生： 观察电解电容的两个管脚是否长短和圆柱体上的标注信息。

生： 根据直标法和色标法，识读 PPT 和练习袋里的电容器。

板书： 五、电解电容的极性

师： 普通电容和电解电容有极性吗？请观察普通电容的元件脚。

生： 普通电容的两个引脚一样长短，应该没有正负极。

生： 而电解电容的引脚有长有短，长的应该是正极，短的应该是负极。

师： 我们可以通过观察电解电容的引脚和外壳上的标注，学会判断极性的两种方法，那么第二种方法，请同学们讨论。

生： 电解电容圆柱体上有一个"－"标记，对应的是负极。

活动意图说明：观察各种电容器的图片，初步感受到电容器有许多种类。通过观察电容器外形，初步学会两种分类方法，培养仔细观察、思考问题的习惯。通过电容器单位的学习，建立对科学家的崇敬之心。通过识读电容器，培养学生能查阅资料、思考、归纳的学习习惯。通过观察电解电容的管脚、外壳标注，培养学生自主学习的能力。

（三）动手实践

板书： 六、电容器的检测

师： 刚才，我们通过识读知道其正负极，那么，我们还可以通过什么知道电解电容的正负极呢？

生： 万用表。

师： 万用表红黑表棒接电解电容的管脚，有几种方法？万用表量程选择多少？以小组为单位分工完成检测。

生： 检测，并做好记录。

生： 交流汇报检测结果。

师： 如果检测时，万用表指针都不动或都偏转到零，说明什么？

生： 思考、讨论，再回答。

师： 一般电容的检测方法与电解电容会一样吗？试试看？

生： 检测，发现指针不动，调大量程。

生： 合作完成两次检测，交流检测结果。

板书： 七、电容器的作用

师： 电容器有什么作用呢？想一想我们的手机。

生： 充电放电。

师：　请学生观看动画演示，并简单讲解充电过程。

师：　请学生观看动画，并简单讲解放电过程。

师：　我们给电容器充满电，它具有什么作用？

生：　储存电荷。

师：　电容器在电子产品中还有一个很重要的作用：隔直通交，等同学们读了高中、大学后继续学习。

板书：　八、电容器的运用

板书：　展示图片，请学生交流归纳电容器的运用。

师：　电容器的运用非常广泛，请同学们说说它的运用。

生：　交流电容器在生活中的运用，如新能源汽车里的电池。

活动意图说明：通过使用万用表的欧姆档位，学会检测电容器好坏的方法，培养同学的合作能力。动画演示充电、放电过程，激发学生学习电容器充放电的兴趣。通过观察、回忆，提高学生通过知识联系生活的能力。

（四）总结评价

师：　这节课，你学到了哪些知识？有什么启发？

学生回答、交流、自评或互评。

活动意图说明：培养良好的学习习惯，会总结、能反思等。

经过实践发现，本节课知识点非常多，容量非常大，知识和技能难度也较大。如果运用教师教，学生跟着学，目标达成度会高，但就会失去劳技课特有的在动手、动脑、探究中学习的特点，更会降低学生主动学习的兴趣，所以我选择用生活中问题、实例启发引导学生思考，与前面的万用表与电阻器的知识和技能结合起来，既巩固了旧知，又解决了本课容量大、难度大的问题。

电工班男生多女生少，男生的特点是好动、爱探究、肯专研、对电子技术的奥秘很感兴趣，但比较粗心。在识读电容器容量、额定电压等数据时，往往对单位概念模糊，容易导致错误；使用万用表检测电解电容和一般电容时，可能由于不熟练，动作不正确，导致检测结果不正确。根据这些情况，我设计了合作学习，将合作贯穿于整个教学环节，再配合学习单，整节课内容层层深入，循序渐进，深奥的电容器知识通过合作学习、讨论、探究等活动顺利完成，充分发挥了学生的主体性。我用"家庭常用水容器储存开水"导入新课，通过提问"若容器里储存电荷，那么这个容器叫什么？"自然过渡到电容器的学习，由此激发学习电容器的兴趣。紧接着给学生展示各式各样的电容器图片，顺利过渡到种类、符号和单位的介绍。电解电容和一般电容的识读、检测分别是重点和难点，比较专业，初中学生很难理解，兴趣就会下降，所以，我借助实例和学习单，两个同学合作完成，学习、识读、记录、交流，一连串的活动，学生的注意力高度集中，提高学习效益；检测电容器，使用万用表完成充放电过程，工具的正确使用是检测结果正确的前提条件，所以，我让学生回忆万用表的量程和欧姆档位的使用方法，再在学会了电容器极性判断的基础上进行，学生检测的正确率就高。由于电容器有好有坏，在交流检测结果后，让学生思考，怎样的测量结果说明电容器坏了和原因，集体讨论学生思维活跃，我适当引导，问题在讨论和探究中得到解决。好的电容器能使用，那么自然引入作用和运用环节。我注重生活实例，从学生熟悉的手机、充电器、新能源汽车等着手，把深奥的知识化难为易。但由于初中学生毕竟这方面知识和元器件接触得不多，特别是运用，答案有一定的局限性。

　　总之，本课注重理论学习和动手实践，让学生在一个个问题中讨论、探究、归纳，学习电容器分类、符号、单位、识读、极性、检测、作用、运用，通过合作学习，提升了他们思考问题、解决问题的能力。无形中，使学生对电子技术产生了浓厚的兴趣。整个教学过程，每个环节流畅，过渡自然，所有学生都能积极参与实践、讨论和发言，目标达成度高。整节课，教学环节紧凑，学习气氛和谐融洽，教学效益高。

第四节　科学盲盒

我们要认识环境、学习知识，就会产生相应的价值观和目标感，就能引发动机，但动机是否一定会产生相应的行为，取决于行为引起预期目标的可能性。所以，让学生主动发现生活中一些不理解、困惑的事，他们就会主动参与学习。这些对未知的领域和知识，就像一个科学盲盒，吸引学生去挑战，并勇于解开谜底。

以《晶体二极管》为例，最常用的有整流二极管、发光二极管、光敏二极管、稳压二极管等，为什么有些插头插入 220 伏电源能将交流电转化为直流电、为什么发光二极管能用作照明、为什么楼梯过道的灯白天声音再响也不会亮……许许多多奇怪的事就是一个盲盒，需要学生去解密。

一、简析教材

本课教学内容是八年级电工校本教材第二章《电子技术》的第四节《晶体二极管》，是学习电阻、电容器后，学生对电子器件有了一定了解的基础上进行学习的第三个元器件。通过本课学习，学生知道许多电子产品上离不开晶体二极管，如工作指示灯发光二极管、变压器中有整流二极管，通过实物收音机及电饭煲、键盘等工作指示灯情境导入，让学生思考交流回答，使学生产生想了解晶体二极管的愿望，激发学习兴趣和热情，培养学生的观察力、探究力。

二、学情分析

虽然是初二学生，但因为是第一学期，基础知识缺乏。认识电子元件，检测电子元件对初二学生来说相对较难，所以我从学生熟悉的收音机导入课题，激发学生的学习热情。晶体二极管的种类很多，根据教材要求和学生生活中用到、能见到的二极管，我选择了整流二极管、发光二极管和光敏二极管。通过看一看、辨一辨、测一测、说一说、做一做完成种类、符号、极性、特性的学习，将学习和动手实践相融合，降低了难度，也能提高学生的学习兴趣。

三、 目标预设

1. 知识与技能： 了解晶体二极管的分类，了解文字符号和图形符号；尝试使用工具和实验判断整流、发光和光敏二极管的极性；知道晶体二极管的特性，了解整流、发光、光敏二极管的运用。

2. 过程与方法： 借助万用表、实验和观察外形，尝试判断整流、发光、光敏二极管的正负极；通过小组合作、探究，了解晶体二极管的特性。

3. 情感、态度与价值观： 通过实验、搭建电路，体验合作、探究的乐趣。

四、 过程预设

本课的教学重点二极管极性的判断、教学难点为二极管的特性，可通过电路设计，演示发光二极管亮与不亮两种情况，让学生产生疑惑，从而了解二极管有正负极。再通过万用表检测验证，接着启发学生观察、用手触摸等方法判断正负极，培养学生的观察能力和分析问题的能力。通过探究、万用表检测，学生了解发光二极管亮与不亮、指针偏转与不偏转的原因，有利于学生对二极管特性的理解和掌握。教学流程为导入→新授→探究→总结。

（一） 导入

师： PPT 展示收音机，提问： 这是什么电子产品？

生： 收音机。

师： 爷爷奶奶叫它什么？

生： 半导体。

师： 为什么叫它半导体？

学生进行思考回答。

师： 图片展示键盘、电饭煲等工作时的图片，提问： 这发光的器件是小电珠吗？

生： 可能是。

生： 可能不是。

师： 什么叫半导体？半导体材料制成的电子元器件称晶体二极管、三极管。板书： 晶体二极管

活动意图：学生对收音机并不陌生，他们听到过老年人叫它"半导体"。但如今的家庭很少用收音机收听节目，加上本土学生数逐年下降，所以，我用图片、实物收音机告诉学生，上海当地老人喜欢把收音机称"半导体"。由此引入新课，让学生感到新奇，激发他们学习的兴趣和热情。

（二） **新授**

师： 阅读校本教材，根据材料、结构、用途不同，对晶体二极管进行分类。

生： 自主学习，填写学习单。

板书： 一、分类

生： 从练习袋中取出元器件，根据图片提示找到整流二极管、发光二极管、光敏二极管，根据材料、结构、用途不同，进行分类，完成学习单的填写。

师生归纳： 按材料分，可分为硅二极管和锗二极管；按管芯结构分，可分为点接触型、面接触型、平面型二极管；按用途分，常用的有整流、发光、光敏二极管等。

活动意图：了解晶体二极管的分类，会识别、会辨别不同种类的二极管。

（三） **探究**

生： 看教材，知道晶体二极管的文字符号和图形，并在学习单上画一画。

板书： 二、符号

生： 描绘符号的特征。

师： 从二极管的图形符号联系二极管的极性，给我们什么暗示？

生： 有正负极

板书： 三、极性

师：　借助万用表来判断整流二极管的极性，使用万用表，观察指针偏转情况，判断整流二极管的极性。

生：　交流工具检测情况，并归纳。

师生归纳：　偏转大的一次，黑表棒接的是正极，红表棒接的是负极。

师：　再观察整流二极管的外形，有什么颜色或记号？

生：　能从整流二极管的外形，快速判断出极性：带色环的一端是负极，黑色端是正极。

活动意图：运用工具检测，判断整流二极管的极性，再延伸到色环判断。

师：　我们还可进行实验探究，方法：按电路图连接线路，判断发光二极管极性。

生：　交流实验结果：亮的一次，电源正极接的是二极管的正极。

师：　再观察发光二极管的外形，怎么判断正负极？

生：　长短脚判断，长脚为正，短脚为负。

生：　封装壳内，金属体小的对应的管脚为正极，金属体大的对应的管脚是负极。

交流归纳：　发光二极管的长脚是正极，短脚是负极；塑料封装壳内，金属体小的对应的是正极，金属体大的对应的是负极；触摸，外围平的这端对应的是负极，圆滑的一端是正极。

活动意图：通过实验判断发光二极管的正负极，直观性强；实验判断后，延伸观察发光二极管的外形，交流肉眼判断的方法。

师：　根据发光二极管外形判断的经验，判断光敏二极管的极性。

生：　拿出光敏二极管判断正负极。

交流归纳：　长脚是正极，短脚是负极；塑料封装壳内，金属体小的对应的管脚是正极，金属体大的对应的管脚是负极；触摸，外围平的这端对应的是负极，圆滑的一端是正极。

师：　光敏二极管会发光吗？它是个什么样的器件？

生：　看教材，小组内合作学习。

交流归纳：　光敏二极管不会发光，它是一种传感器，光敏二极管，又叫光电二极管，它能将光信号转换成电流或者电压信号的光探测器，可以利用光照强弱来改变电路中的电流进行工作。

活动意图：发光二极管与光敏二极管外形相似，判断正负极的方法相同，但工作原理完全不同。初中学生，虽然刚接触物理，许多概念虽然不能讲深，但他们的生活、学习中有大量的电子产品，可以借助生活经验展开探究。

师：从万用表检测、实验探究中，分析晶体二极管有什么特性？

生：组内探讨交流。

师：用动画演示单向导电性的电路特性。

板书：四、特性

交流分析：再搭建发光二极管的亮与不亮两种现象，得出单方向导通的特点。我们把晶体二极管的这种特点称为单向导电性。

活动意图：实验探究、小组交流分析，真正启发了学生对二极管特性的认识。唯有动手做，亲身经历过程，这样的学习才是最有意义的。

师：常用晶体二极管在电器设备中有哪些运用？

板书：五、运用

生：先自主学习，再组内交流。

以小组为单位汇报：整流二极管：变压器；发光二极管：工作指示灯、照明；光敏二极管：光控路灯、楼梯过道灯等。

活动意图：晶体二极管是电子器件，生活的电子设备离不开它。特别是发光二极管作为电光源在家庭照明中普及，更能说明它们的重要性。知识点虽难，但就像一个科学宝盒，引领着学生去探秘，最大限度地激发学习热情和欲望。

（四）总结

通过自评、互评，汇报学习情况和收获，可激励学生进行课后探究，将本节课的学习引入深度学习，在今后的学习生活中，自觉关注电子技术的发展。

纵观整节课，二极管，就像一个科学宝盒，召唤着学生去解开谜团：收音机，上海地区的居民，为什么喜欢把它叫作半导体？手机等一些电器的充电器，为什么能将交流电转换为直流电？发光二极管为什么能替代节能灯？楼梯过道的灯、光控路灯为什么光线强的时候不会亮？我通过创设情境、提问等导入新课，并展示一些常用用电器的图片。如用电器上面的工作指示灯是发光二极管、变压器里有整流二极管、光控路灯过道灯有光敏二极管。通过学生常用的电器产品导入到整流二极管、发光二极管、光敏二极管来展开教学，把重点定为极性的判断，难点定为特性的认识。初中学生思维活跃，又喜欢尝试新的实验和操作，所以我对三种二极管的极性判断用了三种不同方法：整流二极管，先用万用表判断，再从外形判断正负极，并结合变压器实物，揭示将交流电变直流电具有整流的作用；发光二极管：先实验判断，再肉眼判断正负极，再结合发光二极管，揭示起将电能转化为光能的奥秘；光敏二极管：直接借用发光二极管肉眼判断的方法判断，结合楼梯过道灯揭示起传感器的作用。通过工具、实验、肉眼判断，学生始终处于新的学习尝试中，思维很活跃、兴奋，提高了对知识的掌握度。晶体二极管的特性是单向导电性，我通过教具、动画演示发光二极管正接、反接电路工作过程，得出电流只能从正极流向负极，而不能从负极流向正极的结论。

整节课，通过精心设计，顺利完成教学目标。毕盒，学生在阅读、探究、实验中得到解答。但不足的是：在突破难点时，没有最大限度地充分发挥学生的动脑、动口的能力！

第五节　学以致用

劳动技术课，最吸引学生的就是动手操作、实验验证， 98％以上的学生都喜欢实验探究。只有当学生对学习产生浓厚兴趣的时候，他们才会全身心地投入，智力也会得到充分发挥。创新能力的培养离不开知识的学习和运用，还有自己会发现问题，进而去探究分析，最后能总结概括。劳动技术还能有效地开发学生的创造潜能，实现手脑互动，并且能学以致用。教师要发挥的作用就是为新的知识创建场景，引导学生在理解的基础上，运用新的知识解决新的问题，获取新的技能，完善自己的知识架构。通过学习、实践、拓展延伸，能充分运用新知识设计实验，得出结论，获取解决方案。在实验环境中实践、应用和巩固内化新知识，能促进学生将新知识迁移运用到新的场景中，正确解释新的问题，达到学以致用。

以《晶体三极管》为例，学生已会使用万用表检测器件的好坏，也了解了电阻、电容、晶体二极管等相关知识，会根据电路在面包板上搭建电路。在此基础上，让学生通过电路的搭建，探究分析出晶体三极管的作用，并用人体阻值会变化这一现象来印证集电极电流被基极电流控制的现象。这样的学习，使学生体会到了学以致用后的成就感！

一、 教学内容分析

本课教学内容选自上海科技教育出版社出版的《劳动技术》八年级第 2 单元《电子技术——电子放大电路应用》（P54 页）中的晶体三极管。上教版和科教版都要求学生了解三极管结构、符号，能用万用表检测、识别三个管脚，通过简单电路串联电流表的实验，知道三极管具有放大电流的作用。我根据初中学生喜欢探究的特点进行了适当的整合，增加了三极管种类介绍，并改进电路，将直流电流表省略，加入发光二极管和人体电阻，让学生观察到发光二极管的亮度变化，直观认识集电极电流受基极电流控制和三极管具有放大电流的作用。可以通过学习单进行辅助学习： 1. 找 B 脚，请学生填写万用表检测时管脚的组合，交流分析；检测好后数据交流，得出结论； 2. 找 C 脚和 E 脚，也是通过万用表插孔进行检测，填写学习单，在展台演示交流； 3. 搭建电路，把用人体电阻替代基极偏置电阻，观察发光二极管的亮度，填写结果并交流评价。

二、 学情分析

学生刚学了晶体二极管知识，知道 PN 结的作用，但要理解三极管的内部结构、识别管脚、掌握管子的作用等知识点，难度还是比较大的。为了让学生更好地理解、掌握晶体三极管知识，在学本课内容前再安排了万用表的使用、电阻、电容和晶体二极管的检测，主要巩固这些知识及能熟练使用万用表。在复习万用表的使用这一内容时，我增加了一项检测人体电阻的活动，主要为学习三极管的作用做铺垫。请学生尝试改变手与表棒金属头接触时的力度，人体阻值也改变，探究其根本原因是手与金属头的接触面积改变，捏紧，面积增加，人体阻值下降；放松，面积减小，阻值增大。我根据教学内容制作了晶体三极管的课件，为了降低难度，让初中的学生更高效地学习，还设计了一份学习单。在学习过程中，学生通过讨论填写学习单，再借助万用表找基极、集电极、发射极和搭建电路，增加了直观性。我将基极偏置电阻改为人体电阻，通过改变手与导线金属头接触面积的大小改变基极偏置电阻，从而改变基极电流的大小，使得发光二极管的亮度也改变，请学生归纳出集电极电流受基极电流控制的特点，再引导学生归纳三极管具有放大电流的作用，增加了趣味性，也有利于学生理解和掌握三极管知识。最后，请学生观察老师用的扩音器，拓展到三极管在电子设备中的运用，起到学以致用的作用。

三、 目标预设

1. 知识与技能： 了解三极管的内部结构、符号和分类；学会借助万用表识别三极管的三个管脚；尝试通过面包板搭建电路，知道三极管的作用。

2. 过程与方法： 通过思考、讨论，了解三极管的内部结构；通过使用万用表，掌握识别9013管三个管脚的方法；通过搭建电路，知道三极管具有放大电流的作用。

3. 情感、态度与价值观： 借助万用表识别管脚，提升观察和合作能力；通过电子器材搭建电路，提高识图、探究能力。

四、 教学过程

本节课需准备9013 NPN型三极管一个、 100欧电阻器一个、 5号电池两节、发光二极管一个、连接导线若干。教学重点为三极管管脚的识别，教学难点为三极管的作用。教学流程为问题导入→学习新知→动手实践→总结评价。

（一） 问题导入

师： 2＋2＝？ 那么，两个二极管的管脚相加等于几个管脚？ PPT展示二极管相加。

生： 回答相应问题。

活动意图说明：简单的数学题激发学生学习兴趣。

（二） 学习新知

师： 两个二极管的管脚相加，有几种加法？ PPT出示课题。

板书： 一、结构

生： 两种。

生： 可以正极相加，也可以负极相加。

师： PPT展示，两个二极管正极相加，得到什么型号？

生： 观看PPT，回答。

生： NPN型。

师： PPT展示，两个二极管负极相加，得到什么型号？

生： 观看PPT，回答。

生： PNP型。

师： 2＋2＝3，形成了三个区，分别是集电区、基区、发射区，三个区引出的管脚分别是集电极、基极、发射极。

生： 阅读教材。

板书： 二、符号

文字符号 V

图形符号：

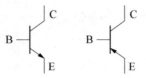

板书： 三、分类

师： 根据结构、材料、频率、制作工艺、外形封装、功率分类，并展示各种三极管的图。

生： 学习三极管的分类。

（三）动手实践

板书： 四、识别

师： 我们怎么知道三极管的管脚，谁是基极？谁是集电极？谁是发射极呢？

生： 用万用表测。

生： 用教材教的方法辨别。

师： 以 9013 NPN 型硅管为例： 第一步先找 B 脚。思考： 万用表表棒连接有几种？填写学习单。

生： 黑表棒固定，红表棒接其他管脚，填写学习单。

按学习单上的步骤检测，找 B 脚。

师生归纳： 万用表两次都偏转的，黑表棒接的是 B 脚，也就是中间的管脚是 B 脚。

师： 接下来我们找 E 脚和 C 脚，图片展示万用表上检测插孔，有几种插接法？填写学习单。

生： B 脚固定，另外两个脚分别插 C、 E 两个孔。

生： 按照学习单检测

师生归纳： 根据实验结果，指针偏转大的一次，对应的管脚是 E、 C。

师： 怎样更好更快地判断管脚？

生： 三极管平面对自己，管脚朝下，分别是 EBC。

活动意图：通过工具检测得到准确的判断方法，再引出快速判断管脚方法，树立严谨、科学的态度。

板书：　五、作用

师：　三极管有出示第一张不完整的电路图，请学生讲述电路连接情况。

生：　回答交流。

师：　出示第二张电路图，请学生观察人体电阻的连接方式，观察发光二极管的亮度变化。

生：　根据电路图搭建电路。

师：　请学生捏紧导线，观察发光二极管的亮度变化。

生：　实验，思考。

师：　集电极电流受谁控制？

生：　集电极电流被基极电流控制。

师：　改变手与导线的接触面和力度，发光二极管的亮度也改变，还说明了三极管具有什么作用？

生：　放大电流的作用。

活动意图：通过电路搭建，提高学生识图能力和动手能力，亲历二极管光线变化，思考基极与集电极的关系，难度有点大，充满了挑战。

师：　请学生思考，能否把成千上万个二极管加起来？其他元件能相加吗？

生：　能，集成电路。

师：　请阅读文字，了解三极管是谁发明的。

生：　阅读发明三极管的过程及相关科学家的故事。

活动意图说明：如学生教材阅读能掌握的知识，尽量让学生通过自主学习获得。让学生通过观察和思考，自己归纳三极管的内部结构。通过课件提示三极管的三个区，引导学生归纳三极管的型号。介绍三极管的种类，通过图片展示更形象些。借助万用表识别三极管的三个管脚，通过合作、填写学习单，成功率高。根据电路图搭建电路，因为难度较大，所以先通过实物图连线，再在面包板上连接，得出实验结果后，通过改变捏金属头的接触面，发现发光二极管的亮度也随之变化，从而明白三极管的集电极电流受基极电流控制，且具有放大电流的作用。

（四）总结评价

师： 这节课，你学到了哪些知识？有什么启发？

生： 交流

师： 请对自己和同学的学习做个评价。

生： 自评、互评。

生： 整理实验器材

活动意图说明：培养良好的学习习惯：会总结、能反思等。

传统的劳技课，理论知识，老师教学生学；动手操作，老师示范学生模仿。因为教学内容完全根据教材而设定，不考虑学生的基础、能力和兴趣，课堂也缺乏师生互动，直接影响教学质量。而课改以来，我始终坚持因材施教，根据不同年级的学生设计教学内容、教学环节，也注重营造和谐融洽的教学氛围，让学生动一动脑筋、跳一跳摘得到桃子，并将学到的知识运用到新的学习中。

我设计了"问题式"教学法，将"问题"贯穿于整个教学环节，再配合学习单，整节课内容层层深入，循序渐进，深奥的晶体三极管知识通过集体学习、讨论、探究等活动顺利完成，充分发挥了学生的主体性。导入新课，我用"2＋2＝？"的数学题吸引学生，让学生观察两个二极管相加等于几个管脚，快速过渡到三极管结构的学习，降低了难度，学生对三极管产生了浓厚的兴趣。三极管三个管脚的识别，我请学生用万用表检测，先找基极，再找集电极和发射极。我设计了学习单，通过填表，学生动手操作就顺利多了。学生运用万用表自己找到了三个管脚，提升了他们的成就感，对下面的搭建电路具有非常重要的意义。根据电路图在面包板上搭建电路，对初一学生来说，他们从来没有接触过电路图，解决识图是关键，我采用师生互动，借助课件提问请学生回答所有元件的连接情况。先分析部分电路，以三极管为中心，请学生找到集电极与 100 欧电阻连接， 100 欧电阻与发光二极管的负极相连，发光二极管的正极连接到电源正极，发射极直接连接到电源负极，再出现全电路，从电源正极和基极引出导线，接通电源，加入人体电阻。通过分析，再动手搭建电路，当学生改变手与导线金属头的接触面后，发现发光二极管的亮度也随之改变时，都兴奋不已。同时，我加强巡视和个别指导，提高成功率。挑选部分同学上展台演示，并分析发光二极管亮度改变的原因，最后讨论归纳出三极管的作用。搭建电路感受发光二极管在自己的手里忽亮忽暗，是因为集电极电流受基极电流控制，并具有放大电流的作用，化抽象为具体，起到了良好的教学效果。

　　本课注重理论学习和动手实践，让学生在一个个问题中讨论、探究、归纳，体验电子实验的奥秘，加上万用表检测人体电阻的经验，运用到电路搭建和验证中，提升他们解决问题的能力和学以致用的能力，力争在无形中使学生对电子技术产生浓厚的兴趣。通过教学内容的改进和设计，所有同学都能合作完成三极管三个管脚的识别，90%以上的学生都能顺利完成电路搭建，所有学生都能积极参与学习、讨论和发言。这样的教和学对我和学生都提出了很高的要求，也是考验我的教学设计和学生动脑、动手的能力。但是，只要能够最大限度地培养学生的兴趣、思维和探究能力，我愿意为之去探索。

　　《晶体三极管》学习单：

---

　　1. 找 B 脚。（万用表量程选择 RX100，欧姆调零）

黑表棒	红表棒	观察指针
①		
②		
③		

　　2. 找 E 脚和 C 脚。（万用表量程选择 RX100，欧姆调零）

E	B	C	hfe 读数（指针偏转大小）
	②		
	②		

指针偏转大的一次，对应的就是 E、C，
则①是＿＿＿＿＿，③是＿＿＿＿＿。

3. 搭建电路
① 按电路搭建

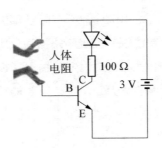

② 实验结果：＿＿＿＿＿＿＿＿＿＿＿＿。

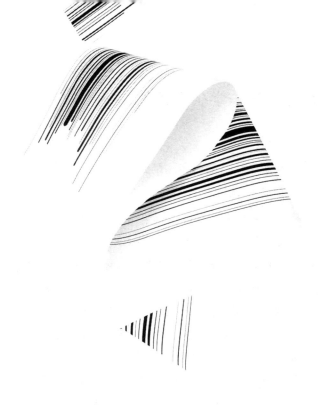

第五章

磁性课堂的主角

我们的学生是有血有肉有感情的人。课堂教学应让学生成为主角，让他们的学习情绪高涨，全身心地参与到课堂教学、学习活动中，积极思考和回答问题，达到乐于劳动、喜欢劳动的境界。课堂教学应该让每一个学生敢于质疑、善于质疑，在不断挑战的同时，感受到劳动之美和创新之乐，从而以更高的热情参与学习和实践。

第一节 教师主导与学生主体的协调

教师中心与学生中心，孰重孰轻，是劳技课程一直探讨的焦点。在教学的实践与研究中，可以根据课程的特点，教的过程以教师为主导，学生学的过程，要体现学生主体。整个教学过程，应使教与学达到协调。

劳技课程与其他课程一样，在教学过程中是以教师为中心还是以学生为中心是我们长期探讨的焦点。传统的教育思想主张以"教师为中心"，提倡"师道尊严"，教师支配和控制学生的学习，学生无条件地服从教师，学生没有权利和机会发表自己的见解以及采用适合自己的方法进行学习或操作，只是机械地进行模仿和练习。而新课程强调的是：学生是学习知识技能的主体，教师是学生学习知识技能的组织者、参与者和促进者。但是，由于教师的教育理念正处在转变的过程中，在劳技课堂上，出现两种情况：一是教师牵着学生走，学生跟着教师步步为营；另一种是教师被学生牵着走，教师对所有学生的设计方案或操作方法照单全收。新课程不是倡导以学生为主体吗？于是，教师就把课堂完全交给了学生。

我认为这两种方法都比较偏激，任何教学方法和方式都不是万能的，具体的要根据学生情况而定，不能一概而论。现代教学论强调教与学二者的辩证关系，就是要使教师的教和学生的学达到和谐统一，学生是教师组织教学中的学习主体，教师起引导作用。学生是否是课堂的主体不仅要看课的类型，还要看学生的能力和水平。如在劳技电工课程中，如果学生对电学知识的理解能力、技能操作的动手能力较弱，把课堂完全交给学生，让学生自主完成技能，学生的学习效率肯定下降。我从事劳技教学多年，要提高教学效益，体会最深的是要在课堂中协调好教师主导、学生主体的关系，下面就自己在电工课程中的教学谈一些实践体会和感悟。

一、转变学生观，摆正教师观

新课程中的核心理念就是"一切为了每位学生的发展"。首先，我们要把学生看成是发展的人，每个学生都潜藏着巨大发展潜能，电工中的所有技能都可以在教师的指导和他们自主的学习下顺利完成。其次，我们要把学生看成是独特的人，因为每个学生都有自身的独特性，相互间存在着较大的差异，他们的兴趣、爱好、需要、性格、特长和能力等方面各不相同，各有所长。所以，在电工教学中要珍视学生的独特性，尊重学生的差异，使每个学生在原有的基础上有所提高，得到相应的发展。第三，要看到每个学生都是具有思想的人，要了解他们的意愿和行为规律，教师应在最短的时间里使自己的教育教学适应学生的需求，达到他们的期望，教师才能在教学中顺利地激发学生学习兴趣，主动、积极地参与知识和技能的学习，体验劳动带来的成功与快乐，使学生的知识与技能、学习态度、情感表现与合作精神等方面得到充分、和谐的发展。

课程改革如火如荼，这场改革给我们带来了严峻的挑战和不可多得的机遇。所以，我们教师应该摆正心态，找准位置，树立自己的新形象。首先，做好角色转变。新课程要求教师是学生学习的合作者、引导者和参与者，教学过程是师生交往、共同发展的互动过程。在教师的教、学生的学这个过程中，师生是互教互学的关系，因而形成一个"学习共同体"。其次，教学面向全体，我在对待接受技术知识、动手能力不一的学生时，进行适时地分层教学，让所有学生在已有的基础上得到发展和提高，获得学习的成功。第三，转变教学方式。在电工教学中，我注重引导学生质疑、释疑，使学习过程变成学生提出问题、解决问题的探索过程，帮助学生设计恰当的学习活动，并能针对不同的学习内容选择不同的学习方式。我积极采取研究性学习、探究性学习、体验性学习和实践性学习等多种学习方式，实现教学效果的最优化。第四，创设和谐关系。教学过程是师生互动的过程，我注重建立合作、民主、友爱、平等的师生关系，鼓励学生合作学习、主动交流学习心得、取长补短。第五，反思教学实践。过去的教学活动，教师只是按照教材如实传递给学生，学生能模仿、能完成技能就行。而现在，课改需要我们反思自己的教学过程、教育行为及效果，以便对自己的教育观念进行及时的调理，从而提高教学效果。

二、 教，体现教师主导

电工课程的理论知识和技能操作方法中，教师的指导决定着学生的学习方向、内容、进程、结果和质量，起引导、规范、评价和纠正的作用。教师的教，影响着学生的学习方式、学习主动性，影响着学生的学习兴趣、学习热情、投入的精力和对电工课程的关注度。所以，我认为学生在学习一些理论知识时，更多的要体现教师为主导的教学方式。

1. 有示范。电工中一些技能的操作步骤、注意事项等都离不开讲解，但要在讲解清晰、突出重点的同时，更离不开示范。俗话说"百闻不如一见"，示范是技能学习的起点，能帮助学生理解和记忆技能操作的过程。我在示范时首先让学生明白这样操作要解决什么问题，质量达到什么要求，还要注意示范时动作要规范、协调。有些技能，我将其拍成录像，如焊接四大步骤，有分解工作和完整的连贯动作；有些技能，利用多媒体的展台示范，如导线与接线柱的压接法难点是铜芯线要顺时针压到螺丝下，由于学生初次接触，顺时针和逆时针常常搞错，我先做一遍，再请学生上来示范一遍，请学生观察、分析、阐述方法是否正确、质量是否达标。生动活泼的教学场面吸引了学生，这样的讲解示范才能达到理想效果。

2. 重引导。在电工教学过程中，引导是一种启迪，当学生操作时，使用技能的方法不对时，我不轻易重复讲解示范，而是引导他们怎样修改、改进才更正确、更合理科学；引导也是一种激励，当学生操作失误、作品失败想要放弃时，我鼓励他们耐心查找原因，小组成员一起探究。当学生的学习碰到困难时，适当地引导能为学生提供一个思考的良好环境，激发他们创造力。因此，好的引导应做到疏而不漏、指而不明，开而不达。

3. 善赞赏。我们的学生是初中学生，来到电工班学习，我们的目标是让学生知道安全用电、了解一些照明电路的安装和电子元器件的特性等，而不是培养专业电工技术人员，所以，当学生完成一个个技能时，我都会赞赏他们付出的努力，赞赏他们所取得的哪怕是极其微小的成绩。当学生对技能做到精益求精、反复修正时，我赞赏他们对严把质量关的态度和对技术的追求。赞赏也是一种欣赏，绝不是为了迎合学生而将之随意泛滥，而是学生付出的努力、认真、好学的结果，唯有真诚才能引起学生共鸣，激发他们的求知欲，主动去动手操作实践。那么学生就会把电工学习当作一种享受，才会兴趣盎然地追求知识、探究技能和技术，不断提高创新设计能力，教师也就能顺利高效地实施教学。

三、 学，体现学生主体

在电工学习过程中，学生是主体，表现在： 学生受已有的知识经验、情感意志、兴趣需要、思维方式及价值观的影响，他们对知识和技能的选择具有能动性、自觉性和主观性。教师要创造良好的学习气氛，鼓励他们自主、合作和探究学习。

1. 要自主。学生在学习电工知识、技能中的自主学习，是指不用教师来指挥采用怎样的学习方式和操作方法，由学生自己做决定，这就意味着把学习的自由还给了学生。试想，若在技能操作中，我们还是手把手地教学生，或要他们按照教师的规定来按部就班地做，那我们的学生怎么可能有主动参与的积极性？实践能力和创新精神又何从培养？学生是学习的主人，学习是学生自己的事情。如学生在学习导线与接线柱的连接中，有压接式、针孔式两种，导线的铜芯线有硬线和软线，压接式又有顺时针压两圈和顺时针压一圈后打结，我总是给学生充裕的时间，让学生充分地了解连接的种类，充分地思考、感悟、体验、探究操作的步骤和要点，再让学生自主地选择材料和方法完成技能。在让学生自主学习的过程中，千万不能走过场。实践证明，自主学习并不难，也不是优秀学生的专利。在自主学习过程中遇到很多难以理解、操作困难的地方属于正常现象。我指导学生通过学习小组交流寻求解决办法，这比我在课堂讲解或直接告诉答案的效果高多了。因此，把课堂还给学生，把学习的主动权交给学生，给学生充分的学习时间，放手让学生自主学习，学生的学习主动性得到充分的发挥，达到事半功倍的效果。

2. 能合作。 21世纪，社会分工越来越精细，跨工种、跨学科的合作也日益频繁，而学生作为新世纪的建设者，应当具备合作精神和合作能力。由于初中学生的学习竞争很激烈，目前的学生对合作学习认识比较淡薄，在学习上各自为政现象严重，缺乏合作意识，这些因素阻碍了学生在电工课程中的合作学习。如在焊接"简易光控作品"中，语言集成块上 5 根金属导线的焊接，学生合作完成在质量和速度上都优于单独完成，但由于同桌之间存在着能力的差异，对同桌不太信任等原因，好多学生都不愿意合作。我便在教学中采集学生合作焊接的镜头，将其拍摄下来作为宣传资料，播放给学生看，让学生共同分析焊点的质量和合作的优势、效果。学生慢慢知道合作学习的重要性，也懂得同桌、组员之间的差异性是他们合作学习的宝贵资源，可以实现知识共享、优势互补、共同成长。合作学习要求组员都能将自己个人的智慧毫无保留地奉献出来，并融合于集体的智慧中，还要将个人的成败与集体的成败联系在一起，与同学间进行亲密合作。在合作进程中，互相听取意见、互相理解，不断完善小组的设计或作品。如在学了一只开关控制一盏灯后改进、设计两只开关控制一盏灯的电路，在组内展开阐述自己的设计思路，一起分析电路的优缺点，再一起设计画电路图及安装电路。整个合作过程，拓宽了思路，提高了学习效率。

3. 想探究。课改以来，我们一再强调的是发挥学生的主体作用，探究性学习能充分体现这一点。探究性学习是学生以自己熟悉的生活实际为研究背景，在调查研究和分析中学会知识的学习、信息的收集和处理、问题的发现与解决，是给学生提供自我发现、自主探究、主动实践、交流合作的机会。[1] 我在电工教学中，尽可能抓住一切时机，为学生提供探究的机会、空间、时间，促进了学生自主性学力的提高和发展，提高了学生对技术的理解和运用。如在电子元器件的学习中，我先提出问题：为什么有的台灯能调光？楼梯过道的灯为什么白天不亮晚上亮？为什么电蚊拍能电晕蚊子？为什么爷爷奶奶把收音机叫半导体？这些是学生生活中常见的现象，或许他们从未产生过怀疑，自然会激起他们想知道原因的热情，此时展开探究学习的时机成熟了，学生的学习热情高、探究欲望强，便会积极主动地参与探究。探究学习改变了电工的传统教学，注重了学生发现问题、探究问题、解决问题的能力培养；解放了学生的思

---

① 吕鑫祥.上海市中小学劳动技术课程标准解读[M].上海：上海科技教育出版社,2006：30.

想，在小组学习中大胆尝试、勇于探究，使每位学生都参与到学习中，并获得学习的乐趣。

四、 教与学，达到协调一致

处理好教与学的辩证关系，对于优化课堂教学，提高教学质量，是十分重要的。教与学的对立与统一，体现在教对于学来说，居主导地位。但教又是为了学生学，学生就是学的主体。因此，教师主导和学生主体，应达到协调一致。

在电工课程教学中，处理好教师主导与学生主体关系，必须发挥教和学两个方面的积极性。发挥教师的主导作用是前提，体现学生的主体地位是目的，学生的主体地位是通过老师的主导才能有效地表现出来。教师要做一个积极的旁观者，在学生自主学习、交流合作、探究解疑中，教师要参与到学生中去，发现问题，不要过急、过早地对学生的学习加以评论或阻止，应认真倾听，亲身感受学生的所想和所为，考虑好下一步指导方法，并对学生的学习提出合理的建议或适当的指导。在这样的学习活动中，没有了教师束缚和限制，学生就有了一个自由的学习氛围，他们自然会积极地参与到学习中，创造能力得到最大限度的发挥，学生便是真正的学习主体。在整个电工学习过程中，他们从对教师的依赖逐步向独立发展。

总之，在电工课程的教与学过程中，教师的教与学生的学是这一过程中的主要矛盾。教师的教，是为了激发学生的学习愿望和兴趣；学生的学，制约着教师的教。俗话说"教无定法"，在学生刚进入电工课程学习时，学生在电工方面的知识有限，教师的教应该是起决定作用的；当学生具备了一定的电工知识和学习能力后，就应该充分发挥学生学习的主动性，培养他们自主学习的能力，使学生成为真正的学习主人。只有教与学、主导与主体协调一致，才能实现教学相长、共同发展。

第二节　让学生成为美的发现者、创造者

　　纸，是学生最熟悉的，书本、练习本、图书、报纸等，那么普通的纸能与艺结合在一起，或许很让学生疑惑。由于纸艺课程是我校新开设的，基层学校的班主任老师也不了解，无法向学生介绍这门课程的基本情况。因此，报名进纸艺课程的学生，大多是报不了其他课程后的无奈选择，他们都抱着疑惑、无所谓做什么的心态来的。两个学期以来，每批学生踏进纸艺班的第一个问题是："老师，纸艺学什么？做什么作品？"

　　让学生用眼睛去发现美、用双手触摸美、用心灵感悟美，这是劳动技术课的最大特点，也是本课程的优势。纸艺课程，学生通过剪、折、粘等技术，知道纸花的制作过程，体会劳技的价值和快乐。在学习中，学生能真正体会到纸艺花卉的魅力，从而激发他们设计和创新的动力。

一、在欣赏中发现美

　　在人获取的信息中，80%以上是依靠眼睛观察所得。因此，周一上午的纸花作品欣赏课尤其重要，将学生带入花的海洋中，通过观赏、体验、讨论、提问等等，既提升学生欣赏能力，又使学生产生尝试动手做的欲望和冲动，是调动学生学习兴趣的关键所在。

　　我主要采用各种花卉实物展示、图片播放等手段，让学生在欣赏中发现纸花的美。如让学生欣赏一束康乃馨，先请学生"读"上几分钟，再请他们讨论：康乃馨这种花有什么象征意义？多为什么颜色？它的花瓣有什么特征？美不美？美在哪里？如果你来制作，准备送给谁？在实物欣赏中，激发了他们的思维和情感，将真实的美和感恩的美有机结合起来了，等到做康乃馨时，他们会非常用心地展纸绳、裁剪花瓣、安装花瓣、制作花托花叶等，因为这是送给妈妈的花，能代表他们对妈妈母爱的一点回报！我在网上下载了好多姿态各异、色彩纷呈的鲜花图片，将这些图片串接起来，并选择某种花将其制作成纸花，再将鲜花和纸花两张图片放在一起欣赏，请学生来分析区别、谈谈感受。

如玫瑰花，对初中学生来说，觉得很神秘！内心很渴望做，却又有点羞涩，我便配上一段文字说明："永不凋谢的玫瑰，在希腊神话中，它是美神和爱神的化身，集爱与美于一身。可玫瑰虽美，待到凋谢之时，总会让人遗憾和可惜！而用纸绳制作，它们将永远绽放，更能预示爱与美的长久。"这样的描述，充分展示了纸花的价值和魅力。青春期的孩子很敏感，对玫瑰花的认识很片面，所以我请学生讨论：这朵花，想不想做？我们该不该做？如做，你准备送给谁？解除了学生内心的神秘感，解放学生的思维，真正懂得、发现玫瑰的内在美。

通过纸花的欣赏，能让学生感到愉悦，也让学生在心灵深处感受到美、发现美，并力争在以后的学习中去创造美。

二、 在实践中触摸美

欣赏纸花，是开启学生进入纸艺课程的大门；而动手实践，是引领学生真切触摸纸花的美。当学生看到，一朵朵逼真的花在自己的手中诞生，他们便会真切地感受到：美，我触摸到了，我抓住了！

制作纸花的材料是纸绳，将纸拧成一股，似绳子，便称纸绳，也叫纸藤。我先请学生选择自己喜欢的颜色，除康乃馨，最好选择红色、粉色类的，其余纸花的颜色，我都尊重学生的选择。学生选好纸绳，将其展开、展平，这需要耐心和技巧。心急的学生，一动手，便把纸撕破，我告诉学生，要制作一朵美丽的花，展平、展好纸绳是第一步。接下来的制作，都要他们都在观察、讨论、解决问题中完成。如学生制作的第一朵纸花是蔷薇，第一步，我请学生观察花瓣共几层？有什么特征？60厘米的纸绳怎么裁剪？根据观察在硬纸板上画出花瓣的形状。之后，大家讨论，再一起归纳出：花瓣共6层，将纸绳分成6个正方形，将每个正方形对折两次叠成小正方形，再剪出心形状，并在底部剪出小孔，便于穿花梗。学生动手裁剪，心形花瓣出现了，学生初步体验到欣喜。第二步，怎么让花瓣有螺旋状？学生又热烈地研讨，有的说安装好后用手拧出来，有的说先拧好再安装，各抒己见，只要有蔷薇花的韵味就行，何必要按部就班呢？第三步，蔷薇的花芯怎么解决？我将样品发给学生，请他们拨开花瓣观察，原来是个羊角圈，学生恍然大悟，它既可作花芯，又可防止花瓣脱落。第四步，安装花瓣。以小组为单位讨论，第一层花瓣装在花芯下面多少距离？每层花瓣的位置有何不同？高度怎么处理？学生通过看、甄别、尝试安装，推敲出安装花瓣的诀窍：第一层要紧贴花芯、每层花瓣要交叉、错落有致。第五步，设计花托和叶子。花托有几片？形状怎样？叶子的花茎怎么解决？第六步，安装花托和叶子，注意五片花托要均匀、叶子的大小、高度要与花朵协调。当他们看到一张张平整的纸变成一朵朵含苞欲放、逼真的蔷薇花，兴奋又喜悦，美在眼前、美在指间。

学生要在一周里，完成蔷薇、康乃馨、郁金香、向日葵、玫瑰和创意作品的制作，如果花的质量有瑕疵，有的学生会风趣地说："站远一点看嘛！"惹得全班同学都笑起来。愉悦，也不失为一种淳朴的美。学生置身于花的海洋中，在一步步接近美、走进美，在他们的指间不断流淌着、诞生着美，便是真正触摸到了美。

三、 在设计中感悟美

地球有春夏秋冬，而自然界给我们人类在不同季节创造了各自鲜美、富有寓意的花，当我们在欣赏时，拥有它们时，便有了自己心底深处的偏爱！有人喜欢傲雪临霜的梅花，有人喜欢纯洁无瑕的百合，有人喜欢高贵典雅的牡丹，有人喜欢简洁明了的马蹄莲，有人喜欢出淤泥而不染的莲花……所以，当学生掌握了纸花的制作要领后，我就请学生自行设计。这样的教学内容，通常安排在周四的下午。

话说设计，似乎很简单，学生喜欢什么花就让他们做，如果完全放手，任学生自由发挥，那么学生是"自由"了，花的造型会随之变形，大大降低课堂有效性。因此，设计之前教师的主导很重要。我抛出的问题是：1. 你喜欢什么花？为什么？ 2. 它美在哪？与其他花不一样在哪？ 3. 这花开在什么季节？颜色有哪些？你在什么地方见过？ 4. 花瓣、花托、花叶的造型是怎样的？你准备分几步完成制作？学生以小组为单位，回忆、思考、交流、相互补充和提示，对花有了具体的印象，再将其画出来，或许不会非常像，但学生通过画，能对设计有进一步的体验和感悟。接着，学生再在纸上设计花瓣、花托、花叶，相互修改提建议，定稿后再到老师处领取纸绳和其他材料。到第三节课，琳琅满目的纸花呈现了，有杜鹃、腊梅、百合、鸢尾花等，动作快的，能做两三朵，捧在手里，自我欣赏。有小组是同一班级的，扎成一束，要拿回学校装扮教室。如松江四中初一（6）的宁珂在劳技小结中说道："纸艺课程为我们打开了时间与创新设计的天地，更让我们感悟到生活之美和创造之美。真希望这样难得的机会再一次来到我的身边！"茸一中学七（2）的王妍完成设计的作品睡莲之后，在小结中说道："做完之后，它的漂亮令我惊叹！我心中默默地为它唱歌，我觉得它是有灵魂的，有属于我的气息！"

只有亲身体验了，才感悟到什么是快乐、什么是创造，什么才是他喜欢的、需要的。学生在设计纸花时，老师导后放手，任学生发挥和创造，作品是结果，过程才是美，因为他们感悟到了美，在这份美中感悟到了自主和自信。

纸艺课程虽是我校新开设的、还未正式编入校本课程中，但我在这一年的实践中，感受到了学生对纸艺课程的欢迎和喜爱，体会到了它的魅力所在： 因为它会诞生美、创造美！学生需要、希望用他们的双手去实践、去发挥、去创造，完成自己的设计，那便也是我追求的目标。

第三节　点燃质疑之火

　　人的创造力，其核心是创新思维的能力，创新是对技能、产品等进行全新的构思、联想和设计的一种思维活动。创新设计是指基于技术问题进行创新性方案构思的一系列问题解决的过程。[①] 创新思维的培养，需要教师在课堂教学过程中改变观念，发挥学科优势，尽可能地创造机会，让学生参与实践，为培养具有创新能力的跨世纪人才奠定基础。如今，衡量教育成败的最高标准不再是考试成绩，而是能否有效地培养学生的创新能力。而要培养学生的创新能力，教师是关键。因为教学的过程是实现知识转移的过程，这个过程充满着记忆、理解、想象和创新。教育得法，学生的思维潜力就能得到很大发展，反之会使思维迟钝。所以，我认为我们教育工作者要培养学生的创新思维、创新能力，就必须采取有效的教学方法。

　　劳技是初中学生的必修课，旨在通过学习、实践，使每个学生都"会动手、能实践、爱劳动"，提高技术素养。[②] 电工是一门集知识、技能为一体的课程，指导完成照明电路和简易光控电路的安装。可初一学生还没接触过物理、初二学生对物理知识也没了解多少，学生接受能力有限，有些知识与技能难以理解和消化，在教学中很难开展创新活动。若纯粹为完成教学任务而实施教学，势必制约学生的创新思维，失去学习劳技的真正意义。当代社会，照明光源、电子技术飞速发展，并深刻影响着人们的生活，这都归功于科技人员对原有技术、产品的质疑、改造和创新，牛顿发现万有引力、瓦特发明蒸汽机都是源于质疑。因此，我在平时的教学中，抓住学生的好奇、好问这一特点，点燃学生的质疑之火，引导他们对电工电子知识、技能进行质疑，激发他们自主质疑、善于质疑、敢于质疑的能力，开启创新之门。

---

① 中华人民共和国教育部制定.通用技术课程标准(2017 版)[M].北京：人民教育出版社,2018：5.

② 上海市教育委员会.上海市中小学劳动技术课程标准(试行稿)[M].上海：上海教育出版社,2005：29—30.

一、 引导质疑，打开创新之源

我认为创新的源泉来自思维的独创性，即和别人学同样的知识技能，却能设计出和别人不同的电路或作品的独特能力。有了这个能力，学生思考问题的思路就会开阔、灵活、独特，也能善于联想，在心理上还表现为有强烈的创造愿望。

初一、初二学生学习电工虽然勉为其难，但与其一味强调困难，还不如寻找他们学电工的优势：他们头脑灵活、思维活跃、接受能力强，喜欢动手动脑，对电工知识和技能有强烈的好奇心和探求欲望。在课堂上，特喜欢举手提问或回答问题。我就充分利用这些优势，引导他们质疑，捕捉那些奇思妙想、独到不同的创新苗子。在教学中，顺势引导，肯定并赞扬学生的质疑，激发他们的创新潜力。周一的上午主要了解生活中的电，包含电的种类、来源、与人类生活的关系、安全用电、节约用电等。因为以理论知识为主，如教师为完成教学任务而照本宣读，学生就像听天书、枯燥无味，提不起一点兴趣。若设计一些新奇的问题引导学生质疑，就能激发学生的学习兴趣。我的第一个问题是"既然同学们来学电工，跟电打交道，那电有多少种类呢？"通过大家回答，归纳出有闪电、静电、交流电、干电池（直流电）；我的第二个问题是"你认为闪电、静电、交流电、直流电的性质一样吗？"意料之中的是，学生会异口同声地回答"不一样"，而我马上说："老师认为它们的性质是一样的！"此时教室就像炸了马蜂窝，纷纷质疑，说"啊？怎么可能，老师在骗我们！"并叽叽喳喳议论起来，有的说"闪电在天上，静电是摩擦产生的，交流电在家里的插座里，干电池是可以携带的，肯定不一样"；有的说"闪电是自然现象，交流电是发电厂发的，所以不一样"；还有的说"威力不一样，人被闪电击中会死亡，而干电池安全得很！"……理由五花八门。学生的注意力全部集中起来，他们迫不及待地寻找正确答案。我便引导学生学习电流这个物理量，并请学生猜想：闪电释放的电流强度是多少？手摩擦后为何会发热？100瓦用电器的工作电流是多少？通过质疑、解疑，打开了学生的思维源泉，更让学生感受到电工课程的新奇。

第一次接触电工，学生的创新思维很少是自发的，我们教师应利用教学资源引导学生质疑，才能激发更多的智慧，打开创新的源泉。

二、 自主质疑，迸发创新之火

创新思维的广阔性，最能表现在安装电路、调试作品时，我们不能把视线盯在一点、一线、一面上，应该扩展思维的空间范围，进行全方位的思考及尝试，从对电路的设计探究、元器件外形特性的认识，发展到对其结构及其功能的研究。通过教学实践，我发现可以让学生通过"冥想"和"自我交谈"来完成，即自我质疑来开发内在的潜能，使之产生无穷的动力，迸发出创新的火花。

在教学中，要达到让学生自主质疑的目的，必须注重启发学生的发散性思维。发散思性维可以围绕所思考的问题，通过多种多样的思路去寻找答案，达到突破前人、打破常规、不断创新的目的。如在安装一个开关控制一盏灯的电路中，我给出电源、开关、电光源、熔断器、导线的符号，请学生自主设计电路。接着展示学生的电路，集体对电路的安全性、可行性进行质疑。有同学设计的电路是零线进灯座，有的是相线进灯座，我用动画演示这两种电路的使用情况，学生会自主质疑："若灯泡坏了要换，断开开关，相线进灯座的电路，灯座上不是带电的吗？"通过质疑、分析，总结出照明电路"相线进开关，零线进灯座，连接灯座与开关"的接线规则，这远比老师直接告诉学生有效多了。完成以上任务，好多学生马上提出： 这个电路只在面积较小的地方使用，而客厅、卧室大都是一个开关控制多盏灯或两个开关控制多盏灯，所以应该设计一个更实用的电路。我及时表扬这位学生的观察力，再发动大家一起来设计一开关控制两盏灯。由于基础问题，设计的电路五花八门，有串联电路，有并联电路，有的电路有三根进线，我把这些电路放到展台上展示，大家再一次自主质疑，共同修改、探讨、分析电路的可行性，了解串联、并联电路的特点，请两个同学合作安装一个开关控制两盏灯或多个同学安装一个开关控制多盏灯的电路，学生的兴致极高，仿佛自己是一名真正的电工师傅。可把电路图转化为实际电路，存在的问题又会很多。我请学生将电工板放到展台上展示，先自我质疑，找出电路存在的问题：电源进线只有相线零线，而我的电路怎么有一根相线两根零线的？若灯座与开关距离很远，那第二盏灯座上的相线接到开关里，不是会浪费很多导线吗？若有很多盏灯，那开关的接线柱就无法接入很多铜芯线了……通过自主质疑发现问题，再自主修改电路，最后交流改进的方案：一相两零的，将其中一根零线并到另一盏灯座地接线柱上；开关里接了两根相线的，拆下一根相线，把它并到另一盏灯座的接线柱上；若有多盏灯的话，后一盏灯座的相零线并到前一盏灯座的接线柱上。改进后的电路，既布线清晰，又节约导线。

自我质疑可以令学生迎难而上，发挥出意想不到的效果。只有让所有学生主动参与自我质疑，才能迸发出创新的火花。

三、 乐于质疑，体验创新之乐

创新思维不是自发的，而是靠多维观察思考引发的。教师的职责不再是单一地传递知识，而是集中更多的时间和精力激励学生思考，对电工学习中的问题有一定的敏感度，具有总结、发现知识或技能的规则、缺漏、不合理等方面的能力，使他们在学习中能善于质疑，体验创新带来的快乐。

插座，对学生来说可谓既熟悉又陌生。每个学生都使用过，但对插座的结构、电源线的敷设，基本无人知晓。我将插座图片放映在电视机屏幕上，再请他们观察插座反面的字母，结合这些字母进行质疑。学生通常会互问：L、N、E 分别代表什么？两眼、三眼插座分别接的是什么线？两眼、三眼在一块面板上的，电源线怎么接？为什么要有接地线？接地线的作用是什么？解决了以上问题，好多学生马上会想到自己的家不是底楼，接地线怎么敷设的呢？大家纷纷议论，一致认为六楼接五楼、四楼接三楼，以此类推，一层一层接力棒似地解决。这时，又有学生会提出万一楼上居民与楼下的有矛盾，楼下不让接，怎么办？万一楼下房子没有卖掉，怎么办？一连串的质疑，带出了好多专业的问题。商品房的接地线是由供电局、房产商的专业人员敷设，主要属于保护接地。我再讲述 2005 年 8 月下旬下午 2 点发生在嘉定某小区的一个案例，请学生做一回专家分析事故原因：那天电闪雷鸣，这小区居民家中所有在使用的用电器全部被雷击坏，屋顶可都装了银光闪闪的避雷针，什么原因？学生像模像样地做起了专家，提出质疑、发表观点：①避雷针安装不正确；②雷电的电流实在太大；③避雷针是伪劣产品，不能起到避雷作用；④避雷针没有接入大地……最后，探讨插座的 E、用电器的三极插头上的 E 与接地线的连接情况。将知识与用电器结合起来，学生更易于接受和理解。再如，在学习发光二极管时，学生提出第四次照明革命将由谁来取代发光二极管；在安装简易光控电子小作品时，学生提出为何光敏二极管要反接在电路中。给学生一定的思考问题的空间，他们就能乐于质疑，散发出未来科学家的气质。

我把电工的知识和技能与生活实际结合起来，设计一些研究型的项目，学生乐于质疑。电工，不再深奥难懂，而是充满了挑战、充满了乐趣。

四、 敢于质疑，展望创新之果

马克思很喜欢的一句话是："怀疑一切。"怀疑是探索创新的动力，更是敢于质疑的表现。要保护学生在学习中的好奇心和求知欲，让学生凡事都敢于问个为什么，有打破砂锅问到底的韧劲，这种寻根究底的精神，是创造性思维的原动力。希望学生敢于质疑，我们老师就不能以自我为中心，用自己的目的、态度、价值观、情感偏好、审美情趣等作为"标准尺度"去衡量学生的疑惑，这无疑会束缚学生的创新思维。当学生设计的电路有瑕疵、不合理时；当学生的设想异想天开、不合乎常理时，我们老师不能嘲笑、轻视和否定，应冲破自我视角，理解、认同学生的观点和设想，以沟通、协作、共享完成质疑。

小时候，我们学《皇帝的新装》时都嘲笑这个皇帝，真蠢，可如今这样的隐身衣已成功研发和制造，广泛运用于军事领域；我国的俗语"纸包不住火"也成为过去，美国已创造出了能包住火的纸张。敢于质疑，才能有奇思妙想，才会去尝试创新和创造。如在学习发电种类这一内容时，有学生质疑："垃圾焚烧发电，能变废为宝，为什么居民都反对？""一吨垃圾能发多少度电？如何解决焚烧垃圾而排放的有毒气体？""怎么解决核能发电中的不安全因素？"……学生根据自己已有的知识纷纷议论起来，这时，有学生提问："老师，瞬间的闪电释放的电能是多少？"我便介绍普通闪电持续时间约为 0.1 秒，电压约为 100

万伏特，电流约为 2 万安培，所以一个雷电的能量约为 20 亿焦耳，相当于 555 度电能。这个学生马上说："老师，那我们为何不研究把闪电释放的电能像雨水一样把它捕捉并囤积起来，供居民用电？这样就可以节省很多煤、石油、天然气了！"同学们听到这位学生的话都笑起来，并否定。而我马上肯定这位学生的大胆设想，并预言若攻破此难题，必将是一个伟大的物理学家。同时，我告诉学生闪电的利害之处不在于能量有多大，而在于瞬间释放。它所产生的强大电流、灼热的高温、猛烈的冲击波、剧变的静电场和强烈的电磁辐射等物理效应会给人们带来了多种危害，所以目前很难捕捉并存储。我鼓励学生学好物理知识，将来就能为人类做贡献。人的聪明才智和能力，只有在受到挑战时才能更有效地发挥。在电工教学中，要培养学生敢于质疑、敢于创新的精神。

总之，创新是人类社会发展与进步的永恒主题，它以发掘人的创新潜能、弘扬人的主体精神、促进人的个性和谐发展为宗旨，创新潜能，人皆有之。但创新思维不是天生就有的，它是通过学习和实践，不断培养和发展起来的。同样学习电工，每位学生的理解、感触、体会不一样，引发的质疑就不一样。在教学中，我们教师应善于引导学生提出有个性的问题，不人云亦云，并独立或合作完成解疑、改造、创新等活动。我国迫切需要国民的创新能力，对于我们教师来说更是任重而道远，愿我们每一位教师都积极加入培育创新幼苗的队伍，为教育创新园地增添更多春色。

第四节　引导学生成为环保小卫士

　　环境为我们生存和发展提供了必需的资源和条件，是人类生存和发展的基本前提。可是，随着社会经济的发展，环境问题已经作为一个不可回避的重要问题。对于我们国家，保护环境是我国的一项基本国策，让学生了解环保知识、环保的价值，关注环境的变化。在课堂中呈现鲜活的案例，触动学生的心灵，引导他们爱护环境、爱护家园，做一个环保小卫士。

　　可是，由于工业化、城市化的快速推进，人类对大自然进行了掠夺式开发，土地资源日益枯竭，人类的生存环境遭到严重的污染和破坏，生态危机唤醒了人们的环境意识。近年来，环境保护教育和活动在全国各地中小学蓬勃兴起，在普及环保知识、培养环保意识等方面取得了明显的成绩。我们松江劳技中心也不例外，虽然我们的学生来自不同的学校，但我们教师都有意识地在课堂教学中渗透环保教育，发挥劳技学科在环保教育中的重要作用。

　　那么，对于环境问题，我们的学生又知道多少呢？我对电工班学生的环保知识进行了调查。结果显示，学生知道有世界环境保护日，但不知具体日期；知道垃圾分类，但不知怎样细分等，对环境问题很茫然，甚至有些学生认为环境问题离他们太遥远，他个人的力量太渺小。《上海市中小学劳动技术课程标准（试行稿）》中明确指出："劳动技术课程在技术教育过程中，综合科学与社会的教育观念，引导学生认识技术的本质、作用和价值，培养学生劳动观念，使学生在实际体验和实践探究过程中形成初步的技术能力、技术意识，形成一定的与技术相联系的质量意识、环保意识、安全意识、经济意识、伦理意识、审美意识以及推动当地经济建设的意识，为学生适应未来社会及其终身发展的要求奠定基础。"[①] 可见，在劳技教学中加强环保教育是培养人才的一个方面。

　　劳技电工是初中学生的必修课，学习安全用电、电灯开关、电源插座、一些照明电路的安装及电子元件、简易电子作品的安装。在学习中涉及到用电，

---

① 上海市教育委员会.上海市中小学劳动技术课程标准(试行稿)［M］.上海：上海教育出版社，2005：26.

在技能操作中涉及到用材料。我在开发电工校本课程时就非常注重对环保的介绍，将环保知识、价值融进教材。在教学中，我结合校本教材渗透环保教育，经过这几年的教学实践，做到"渗于其中，寓于其内"，收到了良好的效果。

一、 了解环境知识，关注环境信息

由于环境问题的高度复杂性和综合性，环境知识涵盖的内容非常广泛，对初中学生来说，受到生活阅历的限制，我就从平时生活中常见的环境问题着手，让学生了解一些环境保护的方式方法。每周周一的第一节课，我对来自基层学校的不同班级的 95 名学生进行调研，调研的问题见表 5-1。

表 5-1　调研问题表

环保知识题	A	B	C	D	E
1　你听说过世界环境日吗？ A　听说过　B　没听过	74人	21人			
2　你听说过"碳排放"吗？ A　听说过　B　没听过	87人	8人			
3　你听说过"垃圾分类"吗？ A　听说过　B　没听过	95人	0人			
4　你知道清洁能源是？ A　天然气、石油、煤炭　B　太阳能、石油、核能 C　太阳能、水能、风能　D　天然气、水能、风能	2人	3人	88人	2人	
5　有关环境保护的信息和知识，你是通过什么渠道获得的？ A　阅读报纸等　　B　观看电视新闻 C　学校老师宣传　D　浏览互联网　E　以上都是	6人	52人	27人	1人	9人

通过表中数据，我们可以得出学生对环境知识的知晓率还是较高的，但获取环境保护信息和知识的途径，学校老师的宣传教育不是很多。因此，在为期一周的劳技电工学习中，我觉得很有必要对学生进行有效的、专业的环境保护宣传教育。如我们的校本教材第一章第一节"生活中的电"，有一内容是介绍电的来源。我有机结合教材，展开对火力发电、水力发电、风力发电、太阳能发

电、地热发电、潮汐发电和核能发电的讨论，如哪种发电最节能、最环保？哪些能源是清洁能源？同学们通过讨论，得出利用太阳能、风、水、地热、潮汐来发电得到的能源是清洁能源。但至今还没有一个学生说出焚烧垃圾发电来得到清洁能源。为了让学生了解焚烧垃圾的发电优势，我就说："怎么能让火力发电成为清洁能源呢？"请学生根据生活中看到、听到的新闻和PPT上展示的焚烧垃圾发电的相关图片进行思考。目前，我国处理垃圾的方法主要是填埋，可填埋的费用是非常高昂的，处理一吨垃圾的费用约为400元至600元人民币。人们大量地消耗资源，大规模生产，大量消费，又大量产生垃圾。我们可通过垃圾分类，其中可燃垃圾就可进入垃圾焚烧厂进行火力发电，那么焚烧垃圾发电有哪些优势？一吨处理后的垃圾能发多少度电？燃烧垃圾有烟产生，怎样分解烟中产生的有毒气体二恶英？我不告诉学生答案，而是请学生回家上网查这三个问题，第二天交流。当然，第二天的交流极其热烈，学生通过查阅知道：焚烧2吨垃圾产生的热量大约相当于1吨煤，1吨垃圾能发370度左右的电；遏制二恶英的产生，一定要把焚烧垃圾的锅炉温度保持在850度以上；焚烧垃圾发电变废为宝、减少占地、减少环境污染。① 除了解决这三个问题，学生在查找时还获得了许多环保知识，有的学生还拿出数据展示：目前我国城市生活垃圾累积堆存量已达70亿吨，如果能将垃圾充分有效地用于发电，每年将节省煤炭5 000到6 000万吨；我国城市垃圾焚烧发电最早投入运行始于1987年……

让学生获取环保知识不是简单记住一些特殊的日子、数据，而是要引导学生去关注环境的途径，主动获得环保知识，引起共鸣和重视。只有这样，学生才会去付之行动，参与垃圾分类、不随手扔垃圾、节约资源等行动。

二、 认识环保价值，明白环保意义

环保价值是学生对环境及环境问题的总体看法，体现了学生对于生态环境、人与环境关系的基本价值取向。如环保价值内化于学生的观念中，能决定

---

① 方成林,陈林鑫,魏连杰,陈俊虎.我国垃圾焚烧发电行业投资前景分析[J].中国资源综合利用,2020,38(9):58—60.

他们对环境问题的评价和行动导向。在周一下午，学生开始使用工具进行导线的剥制、绞接及导线与接线柱的连接等，操作中肯定产生废材料，如绝缘层、铜芯线，我在操作前先对学生进行问卷调查，环保问卷调查表见5-2。

表5-2 环保问卷调查表

	环保价值题	非常愿意	比较愿意	不太愿意	不愿意
1	废材料不能随手丢弃，要求整理好，你是	11	78	5	1
2	废材料要求分类，你是	3	67	23	2
3	对剥制好的铜芯线进行重复利用，你是	39	52	2	2
4	废电池投入专门的回收桶或回收站，你是	73	22	0	0

从上述数据可知，学生的环保意识还是满强的，大部分学生都愿意做到废材料不随手丢弃、剥制好的铜芯线重复利用、废电池能主动投入回收桶。至于对废材料要求分类，学生感到非常茫然。一是目前没有塑料和金属的回收桶，二是剥制导线产生的绝缘层很小，没什么用处。我就请学生剥制导线，观察剥下来的绝缘层是什么材料？学生异口同声地说是"塑料"，我就问学生："塑料是废材料吗？"我打开超链接，让学生阅读国家环保网2011年2月22日的一篇报道："日本变废为宝： 日本新发明吃进塑料垃圾吐出燃料"，文中介绍日本发明家伊藤彰则发明了一种适于家庭使用的机器，可以将塑料垃圾变成燃料。借助于这台令人吃惊的机器，堆放在厨房里的各种塑料袋最终可以变废为宝。这台神奇机器能够将塑料袋、塑料瓶、塑料盖以及其他使用石油制造的塑料包装还原成最初的形态。在这个还原过程中，机器首先对塑料制品进行加热，而后将蒸汽送入一个由管道和水室构成的系统，蒸汽冷却液化后还原成原油。原油可充当发电机和一些火炉的燃料。经过进一步提炼，原油也可以转变成汽油。1公斤塑料垃圾可转换成1公升原油，耗电量为1度。学生发出惊讶声，纷纷议论，我们生活中的废塑料都是和生活垃圾一起丢弃的，真是太浪费、太可惜了！有的同学还问我这台机器多少钱，应该普及到我国的家庭，我就把网址告诉学生，报道中有更详细的介绍。进而我们讨论导线的绞接和与接线柱的连接，操作时会有多余的铜芯线产生，我们怎么解决？怎样减少浪费？学生的讨

论会很积极，有的说铜芯线不能剥得太长，有的说教室里放个铜芯线回收桶。

一篇报道唤醒了学生的环保意识，认识到了环保的价值，此时，他们会自觉地、积极地参与环保行动。

三、 转变环保态度，提升环保意识

学生的环保态度来源于他们基本的欲望、需求与信念，能体现他们的道德观与价值观。学生原来认为在垃圾随手丢现象严重、大量浪费资源的深灰现象中，自己一个人的努力是微不足道的，但通过环保知识、环保价值的介绍，学生的态度在慢慢转变。

要转变学生的环保态度，我还避免教条式的说教，而是结合学生的生活实际，将"趣"和"利"结合起来。如在校本教材"节约用电"这内容中，我先了解学生家里的电视机在临睡前有没有切断电源，接着请学生阅读校本教材第 8 页上的小知识："一台 22 英寸的液晶电视机待机功率为 3 瓦，按每天待机 18 小时，一年耗电多少度？"我再引导学生计算若每个家庭平均有两台液晶电视机，全国有 3.9 亿户家庭，能省多少电？学生都饶有兴趣地动笔计算，得出的数据是庞大的，一台 22 英寸的液晶电视机一年将浪费近 20 度电，全国将浪费 1 560 亿度电！学生发出感叹："太惊人了！"我再告诉学生临睡前切断用电器的电源还有一大"利"，那就是安全。通过这样的教育，学生不但自己做到节约用电，还会回家要求父母节约用电。

要节约用电，还会涉及好多环保产品，但环保产品的价格比普通产品要贵些，有的甚至贵好多。在周二下午，学生安装一只开关控制一盏灯和两只双连开关控制一盏灯的电路，当安装好后，我问学生："如果要你选择灯泡的话，是选节能灯、白炽灯还是发光二极管？为什么？"通过三盏灯的通电实验和讨论交流，学生得出白炽灯最费电，价格最便宜；发光二极管最节能，但价格贵几十倍。这真是个困难的抉择，也是考验学生的环保意识和责任意识。我再向学生宣传：白炽灯一般只有约 5% 的电用于照明，其余大部分电能被转化为热能消耗掉。欧盟在 2009 年 9 月 2 日，停止所有生产白炽灯的企业，并用 4 年的时间逐步淘汰白炽灯等高耗能照明设备，节能灯、卤素灯泡和发光二极管成为欧洲居民的主要照明灯。学生都表示回家要向父母宣传，家里的照明灯应尽快使用节能灯。电工课程的第三天是学习焊接技术，要用电和焊锡丝，我要求学生节约使用焊锡丝，用好电烙铁自觉切断电源，学生是认同还是反对，最终会通过学生的言行表现出来。环保态度调查表见5-3。

表5-3 环保态度调查表

	环保态度	我会这样做	不会
1	电烙铁使用完毕，有没有及时切断电源？	92	3
2	在学习和生活中，你会做到节约材料、能源等吗？	87	8
3	为了环保，我们应该购买环保产品，如节能灯、发光二极管等。	93	2
4	如果国家要求垃圾分类，你会怎样做？	89	6
5	学习再忙，也要关心环境问题。	33	62

学生在学习电工的过程中，潜移默化地受到了环保的教育，已有明确的环保态度，在学习生活中能自觉地按照环保的要求去行动。

四、 投入环保行动，养成环保习惯

环保行为是学生有了环境知识、环境价值和态度之后所采取的参与各种环境问题的行动。在一周学习中，我始终要求他们关注我们的电工班教室，地面上、自己的桌子、椅子下有没有垃圾；在整个学习中有没有做到节约使用材料、有没有随手丢弃的废材料等，在周五的主题班会课上交流，接受同学的评价。

通过一周电工课程的学习，学生了解环保知识与环保价值，懂得了一些生活中的节能与环保常识，也体验到了环保对个人、家庭、社会的重要意义。大部分学生表示离开电工班以后还会继续关注环保问题，做到了主动节约能源、保护环境，养成环保的习惯。在班级活动和社区活动中，还要主动宣传环保，对破坏环保的行为会去主动制止和劝阻。环保行动调查表见5-4。

表 5-4 环保行动调查表

环保行动	是	不是	偶尔
1 在班级和社区活动中积极宣传环保知识。	91	4	0
2 在公共场所,发现垃圾会主动拣进垃圾桶。	72	5	18
3 见到别人破坏环境的行为会予以制止或劝阻。	57	14	24
4 建议父母购买节能产品。	89	0	6
5 外面用餐时不使用一次性餐具。	90	0	5
6 上下学,自觉乘坐公共交通工具。	61	7	27

从表中可知,学生的环保意识增强,能投入环保活动,能做一些力所能及的环保小事,具有一定的社会责任感。

综上所述,环保教育作为 21 世纪人类共同的课题之一,它具有不可估量的前途和影响。我本着为学生的未来和发展着想,在活动开展中注重了让学生参与获得环保的亲身体验,引起了学生的共鸣;在教学方式上,也改变了学生被动接受环保教育的方式,通过实验、阅读让学生获取环保知识和价值,从而触动学生环保的意识,转变环保态度,从而主动关心环保问题,养成环保习惯,并积极参与环保行动。目前国家对中小学学生的环保宣传力度虽然加大,但还没有相对应的政策和措施出台,导致宣传与行动脱节。如已经好多年宣传垃圾分类了,但只设可回收垃圾桶和不可回收垃圾桶,且就是这样的垃圾桶在有些地方也形同虚设,对学生的教育产生不良影响。再者,目前还没有系统的环保教材,我们教师的宣传教育只能局限于本课程知识的延伸,有些局限性。

第六章

磁性课堂的魅力

为学生营造宽松愉悦的学习环境，善于鼓励和表扬学生的进步和闪光点，随时关注学生的情感体验和情绪状态，呈现丰富的内容和精彩的细节，把更多的时间还给学生，把更多的表现机会还给学生，让学生成为课堂的主人，让学生在探索中享受成功，是磁性课堂的魅力所在。

第一节　我与学生有个约定

有一种职业，最美丽，那就是教师；有一种关系，最牢固，那就是师生情；有一种约定，最期盼，那就是老师与学生间的约定。教师上课的精神、眼睛、语言、体态，无不显现着对学生的关爱。我们用爱去呵护学生、宽容学生、理解学生，学生才会亲其师信其道。师生情，天长地久！

人的一生中有很多约定，与亲人、同学、朋友，我们会期待、会践行各自的约定。而作为一名老师，最美好的就是与学生在未来的某一天有个约定，虽然没有具体的时间、地点，但我会静静地等待。而那一天，必将是我最幸福、最欣慰、最骄傲的一天。

2015 年 11 月 16—19 号，我班迎来了华实初中初一 6 个班的 32 位男生，我担任的是下午的教学。按照惯例，我利用中午休息便向搭班彭老师了解学生情况，彭老师说："这批学生特活跃，很聪明，行为习惯也很好，上课能积极发言、提问。"当铃声响起来到教室，我不急于教授新知识，先提了一个问题："同学们，你认为电工是干什么的？你认为自己将来会不会从事电工工作？"学生便七嘴八舌地议论起来，有的说电工是修电器的，有的说是修电路的，有的说是换灯泡的，当然没有一个学生认为自己长大了会去做电工。我知道，在初中学生的生活里，他们了解的电工都是小区物业的维修人员，看到的是马路边摆的一块纸板，上面写着"装潢——水电工"。在他们的眼里，电工是一项低下、卑微的职业。接着学生的话题，我说："张老师原来是语文老师，在十七年前，我做梦都没想到自己有一天会教劳技、会成为电工老师。所以，今天我断言，这周学习结束，会改变你的想法，将来你很有可能成为一名电工，当然是最优秀、最能干、最具创造力的电工！"这时，好多学生发出不以为然的笑声，他们认为我的预言太可笑了，不可能发生在他们身上。怎么来改变学生对电工的看法，我想到昨晚在 cctv4 看到关于航空母舰上舰载机起飞的节目，便问："同学们，航空母舰上的舰载机是用什么办法起飞的？"他们茫然地摇头，我就介绍："昨晚，老师看了一个节目，非常有感触！航母上舰载机起飞经历了滑越式、蒸汽弹射，目前正在研究电磁弹射，我国辽宁舰的舰载机是滑越式起飞。

美国在 20 世纪 40 年代就提出了电磁弹射，到 80 年代，成立了技术攻关小组，到目前已由美国最新下水的'福特'号航母首先装备。电磁弹射器是航空母舰上的一种舰载机起飞装置，与传统的蒸汽弹射器相比，电磁弹射的优势是容积小，对舰上辅助系统要求低、效率高、重量轻、运行和维护费用低等优点，是未来建造航母的核心技术之一。主要是根据飞机的大小、轻重改变电流的大小来控制，维护方便，产生故障的间隔时间很长，蒸汽弹射为 400 小时，而电磁弹射是 1000 小时。但电磁弹射的缺点是：最大功率可达 100 兆瓦，产生的磁场会影响雷达的工作。目前解决的办法是把通电导体安放在凹槽里，防止磁场外泄。由于电磁弹射器涉及到电磁工程技术、先进电机技术和发电机技术等诸多相关领域，有些技术还未能攻克，而要攻克这些难题，需要我们电工方面的高端人才！"

我故意停顿了一会，观察同学们的表情，有的张大嘴巴，眼睛一愣一愣的，看来真的颠覆了他们的观念。此时，电工在他们眼里不再那么渺小，而是那么深奥和前卫。我接着又说："当然要想攻克这些技术，必须得具备卓越的电工知识和技术，还要有机械、数控等复合型知识。同学们，你们说，将来你有没有可能成为这个领域的研究者、发明者，成为一名最优秀的电工？"他们点着头！我再告诉他们，各行各业都需要电工，机械化流水线代替工人，这些技术的研发需要电工；工业、农业、交通、医学、航空、军工等都离不开电工，需要专业技术人员不断地改进设备、技术，研发产品、造福人类。

这些信息改变了学生对电工的看法，我再告诉学生万丈高楼平地起的道理，四天的劳技电工学的是最简单、最基础的知识，是电工学中的冰山一角。接下来的教学是那么的愉快和顺利，因为学生认可了电工。转眼到了周四下午，第二节是班会课，我们开展学习电工交流汇报活动，所有的同学都谈到了对电工的重新认识，好多学生表示将来上大学专修电工专业，立志成为一名高技术的电工。与学生告别时，王尚男提出："老师，如果我将来做了电工，我怎么告诉你？"沈榭轩、任嘉晟说："老师，告诉我们你的手机号码吧，而且不能换号码！"此时，我除了感动，还有一种久违的成就感，我的学生认可我的教育和期望，我大声地报出我的手机号码，他们都记录下来。我与学生间便有了一个美好的约定，等他们成为优秀电工、国家的栋梁之材时，就是我接到他们电话之时!

　　劳技本是小学科,学生来学习只是完成教育局布置的任务而已。但是,只要我努力,用我的爱心和远见引导学生去攀沿电工的高峰!我幸福地期待着若干年后的约定,我为我的学生骄傲!

第二节　电工班的故事

电工，在社会上地位不高，又脏又累，还有很大的危险性。所以，在许多家长眼里，不受待见。来电工班学习的初中学生，很少有自愿报名的，且基本都是调皮的男生。但是，我喜欢调皮的男生，因为他们聪明、动手能力强。近二十年的电工教学，在电工发生的一幕幕暖心的事，是其他课程老师无法遇到的。电工班，是一个充满阳光、活力的地方，更是培养技术精湛、未来科技之星的摇篮之地。

一、 电工班的暖男

这周有两所学校来劳技中心学习，上半周是小昆山学校的学生，聪明、活泼、动手能力也强！今天来了泖港学校初一学生，明显要拘谨许多，孩子的脸都黑里带红，好多学生头发都很凌乱，一看就知他们大多是外来务工人员的孩子！

第一堂课顺利上好，下课了后，由于办公室离得太远，我们老师都喜欢过道走走，茶杯灌水直接下一楼。我按照惯例便去楼下灌水，铃声响了回教室。令人惊讶的是，前门被反锁了，我进不了教室了！我又气又恼，想着都说农村孩子朴实听话，不想居然敢将我拒之于门外！这时靠近门的 A 组的 1 号同学马上过来开门。我便改不了做过班主任这一秉性，顺口就问："谁关的门？为何把老师关门外？是不想让老师上课吗？"同学们纷纷指向 D 组的 2 号同学，是一位看上去起码有十六七岁、不像在读初一的学生，上节课做技能，他就满脸的不耐烦。我忍不住教育他几句，有学生急得连忙喊到："老师，你别说了，他会打你的！他在学校里打过老师很多次，现在老师都不管他了！"我惊得瞪大眼睛，真不能相信，便自嘲说："谢谢同学们提醒，也是，如今我们老师不能批评学生，学生打老师，可以；可老师要还手，定是不想做老师了！"这堂课，让我惊魂未定、思绪万千！

下了课，我还是走出教室去打水，不等铃声响就回教室，怕被关门外啊！

可让我无比感动、暖心的一幕出现了，在走道口的 A 组的 1 号同学看到我过来，马上跑进教室用身体顶住教室门！我笑着问他："你是不是怕他反锁门，所以用身体顶住？"他笑着说："是的，老师！我用身体挡住，不让他关门！老师，放心吧，有我呢！"一股暖流涌向心头！有学生如此，真的好温馨好感动好幸福！

此后的课间十分钟，这位同学都这样坚守着教室门，维护着老师的尊严！教育到了如此地步，不知是什么惯坏了部分学生，让他们如此大胆、蛮横，让老师退居于教育之外？做了十二年班主任的我，一直认为教育学生是我的职责，碰到行为、思想有问题的学生，总忍不住要教育！对今天的事，真的很震惊！当然，还有意外的、更多的温暖！

这位同学的名字我一直记得，下课后我回到办公室，向同事述说这经历，大家都称他为"暖男"！

二、 电工班的春天

自古豪杰多为男，沧海桑田改诗篇！二十多载头一遭，谁说女生不如男。

自教电工以来，周周迎来的是男生。说来也是正常，难道让基层学校的班主任选女生学电工，也太不符合现实了！面对清一色的男生，我调侃他们，也唤我们班为"和尚班"。男生自然是很乐意听这个称谓，觉得电工就是他们干的，可转而一想，就会产生质疑的想法：既然电工班是和尚班，为啥是女教师？这算啥？我往往为了抓住他们的心，让他们信服我，总是使尽办法，有时还来一些技能秀，如接个小电路演示，让他们觉得神奇，觉得我这个老师虽是女的，还有点三脚猫功夫！上周是民乐学校，来了十多个女生，已是破天荒了！民乐学生纪律好、听话，但问啥都不肯动脑筋、不声不响。无奈之下，狠狠心，用装有熔断器的电路做个短路演示。当他们心不在焉地看我操作灯亮灯灭时，突然，听到"bong"的一声响，把他们都惊醒了！我笑着说："出故障了，灯灭了，为什么？怎么办？"终于把课堂气氛激活了，学生的兴趣，来自挑战。

可是，我们电工来一拨清一色的女生，这是我做梦都未曾想到的，开天辟地！这周是三新学校来劳技，拿到的名单，性别这一栏只写了一半，我和王老师都没在意。不想，在上午第二节的课间，王老师就笑嘻嘻地跑到五楼办公室，我很惊讶！因为，我们的教室在二楼，课间从不回办公室。王老师神秘地让我猜："张老师，你知道吗，我们班这周有多少位女生？"我看着她灿烂的笑容，说道："很多？"她大声地说："全部，清一色！"把我惊得眼睛都瞪得大大的，我说："这是我教电工以来未曾有过的，每周能来几个女生已很满足了，这周居然是清一色女生，难不成是班主任搞错了？"我俩哈哈哈大笑起来，觉得电工班也有春天，真是太意外了！

下午，踏入教室，看着学生，我忍不住想知道原因，就问学生："电工班号称和尚班，这次居然成女子班，你们是怎么'混'进来的？自己报名的，还是老师选派的？"女同学都笑起来，无奈地告诉我："老师选派的！"看来学生是不愿意的，事实也是，哪有这么多女生想学电工的呀！我说："我要给你们的老师点个大大的赞！谁说电工是男生学的呀，谁说我们女生不如男呀！这周，就让我们用拿绣花针的手学电工，看看我们有没有选错课程，老师告诉大家，这周定给你一个不一样的电工印象！"下午的四节课，我们所有女生都学会了导线的剥制、绞接、与接线柱的连接，还安装照明电路，看着点亮的灯，她们尝到了学电工的乐趣，脸上洋溢着得意的笑容！

女子，自古是柔弱的代名词。而电工，是力量的象征！当柔弱向力量靠近，女子便有了男儿的气概和情怀。这周的经历，我想我们的学生与我一样深刻、新奇，会永远留在脑海里！

三、 跌倒

人在蹒跚学步时，免不了会跌倒，跌倒了，有孩子会惊恐万状地哭，也有呼天喊地地哭。当然，也有少数坚强的孩子，他们跌倒了，跌得快起得快，爬起来继续走；也有一些孩子因为跌倒过一次，就不肯再迈开脚步学走路！家长看到孩子跌倒，也有不同的表现，有的快速跑过去扶起孩子，万般心疼；也有家长鼓励孩子自己站起来，不伸以援手，看似冷漠，实是明智。

曾经怎样的儿时，可能就是未来的那个自己！我们都希望在人生路上，没有风雨、暗礁、阻隔，都能通顺、通达，可是估计没多少人能一路狂奔、一路欢歌到目的地！我们会碰到这样那样的困难和阻力，会遇到各种各样难处理、难解决的事和人，一不小心可能就跌倒了。或许，有人再也没能站起来继续前行，放弃了事；也或许，有人站起来后比以前更勇敢、更坚强，不怕跌倒，不怕重来！曾碰到过这样一个初中女生，由于她的焊接出现了问题，导致作品不成功。她要自己修，我就告知她维修方法，问她："你能拆元件、再处理引脚和完成焊接吗？如果不小心让铜箔脱离了，就更加困难了！"她爽快地说："知道了！"自信心满满，我就放手让她自行拆除、维修！不一会，她就尖叫起来："铜箔、铜箔被掀了！"我急忙跑过去，看到印刷电路板上黑乎乎的一摊，知道修理朝反向发展了！以为这孩子会放弃，不想她问我："老师，如果你修理的话，是否还能拯救它？"我说："能！那你是想让老师帮你拯救它还是你自己继续？"结果她说："我自己来，请老师教我方法！"于是，我去备用材料里取了几根连接导线再回到她座位，让她看清印刷电路板反面各器件间的连接线路，再示范用导线搭接的方法。没想到，她最后成功了！通电、遮光，作品喊出"光线太暗，请保护视力"，她又欣喜又惊讶！或许，她自己都不敢相信，她的作品能成功，她没被困难吓倒！

女孩在劳技小结中有这样一句话：故天将降大任于斯人也，必先苦其心志，劳其筋骨，饿其体肤，空乏其身！女孩把不可能完成的事变成了可能，于她意义非凡，或许，在她今后的人生中，会一直记得这件事。困难，是需要勇气去挑战的，失败不可怕，怕的是没有信心和胆量！

一个人，有可能碰到的困难数不胜数，它们像崇山峻岭，需要我们去翻越；它们也像滔滔江河，需要我们去飞渡。不畏艰险、不畏风浪，跌倒了，爬起来，继续前行！跌倒，是为了更快地站起来；跌倒，是为了丰富我们的人生！跌倒爬起，是为了等我们老了，有些许丰满的回忆！

四、 保质期

很多人都知道食物有保质期，后来，我们知道所有电器也有保质期。但我还想说，除了食物、电器外，还有友谊、亲情、爱情，乃至我们的生命都有保质期!

我们购买食物，首先要检查生产日期，是否新鲜、是否在保质期内，离过期还有多少时间。这是因为我们有选择权，我们对食物的要求，除了好吃外，更讲究了质量和营养。但凡过期的食物，吃了可能会影响人的健康和身体。食物的保质期，可想而知有多重要！

从 20 世纪末，很多家电进入家庭。我们享受到了便利和实用，如电饭煲、电视机、电冰箱等。八九十年代的电器，进入了 21 世纪，老的老坏的坏，我们从没想到过这些家电也有保质期。坏了修，修了用，用了又坏，再修再用。可在 2005 年的春节，我们松江江中小区一三楼住户发生了火灾，家里所有物品烧得一干二净，消防队灭火时喷洒的水波及了楼上楼下居民，这户居民除了自家物品烧毁损失之外，还赔偿了邻居家的损失。究其原因是一台老化了的电视机，一家三口正在吃饭，电视机突然冒烟起火，火势发展快，他们逃离了火灾现场。从此，我上《安全用电》的预防措施时，加上了第 8 条：不使用超过期限的电器。 2009 年 5 月 20 日，《新民晚报》社区版家园周刊的第二版刊发了一篇《家电，"超龄服役"危害多》的文章，开启了"家电保质期"的探讨，引发了好多地方特别是发达地区对老家电的置换热潮。从此，也拉响了使用过期家电的警报，人人都知晓了家电保质期的重要。我们电工班的不少学生，还做了排查员、宣传员！

生活中除了食物、电器有保质期，在快节奏下，人与人之间的交往，似乎也有保质期！如今的好，之前不一定好；现在的坏，未来不一定坏！许多人，走着走着就散了、分了，有的人，走着走着就认清了！淡薄还是浓烈，只是暂时，一旦过了保质期，都会变味！我们的人生，也有保质期，如美貌，一到期就消失了！除此之外，还有很多，以至于我们的生命，只是这期限各不相同而已。

天下没有不散的宴席，聚散离合、春夏秋冬，愿我们在保质期内好好生活，不怨期长还是期短，不强求、不执拗！

五、 2018 年的最后一次课

劳技中心的教学有其特殊性，一线老师上课分上、下午，一般一门课程两人搭班，上下午翻转，所以老师一教便是半天！17周有6天工作日，分两所学校两批学生来校学习！这后三天我轮到下午，29日下午便是我2018年的最后一次课！

下午的四节课，第一第二节是做作品，先后有两位学生叫起来："老师，我没有金属片！"我让他们找，他们说"找了，找不到！"我说："好的，要拿金属片，扣1分！"我便在盒子里找，还没找到，就听到学生说："老师，找到了！"我笑着说："哈哈，不扣分，永远找不到，要扣分了，一下就找到了！"引来满堂笑声，整个下午顺利完成作品、劳技小结的撰写、班会活动、考核、大扫除。话说那个把我关门外的学生，昨天没来学习，今天来学习了，在最后一节课还好好的，大扫除、考核，最后整理书包时却不见人影了，我以为他提前跑下去乘车了。学生与我一一道别，一些学生走出教室了，却又回来跟我说："张老师，真不知还有没有机会见到你！好留恋这里！"看他们依依不舍的样子，我很感动，就说："会有的，人生何处不相逢！"目送学生离开，我们劳技教师就是这点与众不同，每周迎来新学生，几天一起学习，初建师生感情，不待相知相熟就要道离别！学生背起书包离开，我们老师目送，学生会舍不得我们，我们也舍不得学生！同学们都走了，可D组2号同学的书包还留在座位上，我等了一会，又到过道上寻找，仍不见人影。我便拿起他的书包跑下去，还好大巴还没开走，他的班主任等在车门口，我把书包交给他。他说："这学生经常会自说自话瞎跑，家长又不配合，我是多管不能，也不敢；少管，怕出事，为难死我了！"班主任拿起手机打电话，还好，他一会跑出来了！

但是，本周部分学生的行为习惯的确要好好引导，如有学生要领焊锡丝，还没等我动手拿，他们已经先我从讲台里拿了，弄得我不能适应！上课铃声一响，还没等我说拿工具箱，他们早就蜂拥去取工具箱！在班会课上，我便与他们说起我儿子小时候的两件事。儿子小时候很喜欢带同学来家里玩，特别是双休日，有些孩子很懂规矩，但个别的孩子喜欢翻我家抽屉，而且把东西拿出来。我问学生："这孩子的习惯好不好？"第二件事，我经常带儿子去朋友家、同事家玩。有一次，我们骑着自行车到刘教师家里，刘老师便从冰箱里取出一罐可乐给他喝，他不肯要。刘老师说："小孩都喜欢喝可乐，你为啥不喜欢？"我说："没有我的同意，他不会要的！"我对儿子说："韡韡，刘奶奶给你喝，你就拿着吧！"他开心地接过可乐。我问学生："孩子为何不能随意接受别人给的东西？为何要经过大人同意？"好多学生议论开了，说得也头头是道，希望对个别学生有点启发和帮助吧！

2018 年的最后一次课就这样结束了，或许许多老师跟我一样，会在乎每一年的第一节课、最后一节课，会记住发生在课堂上的点点趣事、糗事，一个 A1、一个 D2 给我留下了深刻的印象！

六、 孩子，不能那么娇贵

这周是上师大附外的学生来参加劳技学习，电子班来了 34 位学生，其中女生 24 位，男生 10 位。虽然女生比较文静、不好动，但电子项目讲究动手操作和创新设计，所以课堂气氛不是很热烈。我总是希望学生多动脑、多动口、多动手，可高中学生没那么容易被感染和忽悠。劳技，在高中学生眼里，终究是靠边站的课程！

周三上午，我上了焊接技术，学习使用内热式电烙铁进行点锡焊，并将检测后的电阻、电容、二极管、三极管插入印刷电路板，再焊接！在上午结束教学前的 2 分钟，我要求学生将课桌上的元件脚收集起来，并投放到干垃圾桶里。完成后，学生去食堂用餐，我整理讲台。这时，一个惊慌失措的学生跑进来，举着他的右手食指问我："老师，我受伤了，我会死吗？"原来，他被元件脚扎了一下，留下一个非常非常小的孔，似乎有一点红色的血！我忍不住笑出来，我说，"这么一点，真的算不上什么伤，你怎么会如此害怕？从来没受过伤吗？"这位男生摇着头还是很紧张地说："流血了，不是要打破伤风吗？"是有一点红色，似血，我不能否认他受伤了，但真不知该怎么对他说，这么一个细小的元件脚扎了一下，根本不用放心上。可是，我不能这么直白地说，怕学生接受不了！我便告诉他："元件脚那么细，是镀锡铜线，不会生锈，只会氧化，扎一下不会发生你说的情况！如你实在不放心，去卫生室消一下毒！"学生听了，马上飞快地跑出教室赶往卫生室。

看着学生飞奔的身影，我一时缓不过神来！这是我教电工电子以来第一次碰到这么胆小的学生，也没有碰到过因元件脚扎一下而害怕没命的学生，我震惊了，也意外了！生命，在这位男生眼里是如此脆弱和不堪一击，但又是如此地爱惜。然而，我又不能批评他的小心翼翼和惊慌失措，毕竟他表现出的是对生命的珍惜和敬重！可是，我的心里有说不出的难过和担忧！

班会课上，我忍不住将此事与学生探讨一番，好多学生笑了，他脸红了！于是，我大胆地说：孩子，生命真的很可贵，但绝不能那么娇贵！

七、 问题

我不知道，我在教学中提过多少问题，应该可以用不计其数吧！我也不知道有多少学生参与了回答，应该可以用数不胜数吧！我不知道，世上还有哪个职业会比我们老师提的问题多、参与回答的人多！我们老师，除了问题多、会提问，好像还没第二个优势和特长！一节课，问来问去，让学生不停地想啊想，然后，兴奋地举手回答，这是老师最喜欢的情景！如果一个问题问下去，鸦雀无声，老师会比吃了黄莲还要苦！

我们老师大部分的脑细胞都花在想问题上了，一天到晚、绞尽脑汁地设计问题，把自己置身于问题的海洋，让学生在这个海洋里遨游！我们还要把问题的答案统统装进脑子里，随时准备拿出来评判学生的回答。那么，我们最最怕的是答非所问，这说明不是问题有问题就是学生上课专心有问题。

我们要根据教材、学生设计问题，这个内容有多少知识点，难点、重点是什么，我们该怎么问？问什么？什么时候问？问题多了少了不行，难了易了也不行，所有问题得问到点上、恰到好处，让学生想一想、跳一跳能摘到"桃子"。所以，我们必须结合知识点之间的逻辑关系、学生的基础、接受能力等，设计多少个有梯度的问题？难易程度怎么把控？要不要创设情景？怎么问，学生更容易明白？是一般疑问式还是设问式、反问式？如果学生没有回答到点子上、离题了，我们怎么弥补？怎么改变问题和提问方式？我们的问题是封闭型的还是开放型的？答案是唯一还是宽泛？

我们喜欢热闹的课堂，但我们更应该提倡智慧课堂，老师有温度、有难度的提问，学生有思考、有质疑的回答。一堂好课，一个好问题，不能是简单的你问我答，因为看似师生互动频繁、精彩，实质没有给学生留下思考问题的痕迹，过不了多少天，学生就忘了曾经的回答！

课改以来，我越来越喜欢问开放型的问题，答案不唯一，如照明电路的故障，灯不亮有多少种原因？怎么判断？用什么工具？组织学生讨论探究，答案在讨论中生成，在实践中验证。当然，我也特别喜欢让学生提问题，可以问我，也可以问同学！这是考验学生掌握知识技能的情况，爱质疑的学生，思维都比较活跃。我说，把老师问倒了，你就是牛学生！有一次，在学习《安全用电》的措施时，学生离题地问我："老师，你的书为何比我们薄？"我先想到这学生上课开小差了，但转而一想说明他在观察，于是就笑着说"虽然这问题与预防措施无关，但老师可以回答你，书读多、看多了，书就留在老师脑子里了！其次，老师的这本书缺页了，但不影响老师使用！"解了学生心中的疑惑，接下来的学习，他会非常投入！

老师问问题要有技巧、有尺度、有目的，都是为了解决学生学习中的问题，这需要我们不断地去追求，且没有终结！

八、 未来，我们干啥去？

有一天，我看到朋友圈一位老师发的关于困难家庭的图片，让我震惊了，想不到自己是困难家庭，相信好多朋友跟我的想法一样！也不知是哪个专家定的标准，心里好不爽！可冷静下来，自己不是困难难道是富裕家庭吗？只够得上温饱以上一点而已，便很满足，贫就贫呗，反正祖辈也是贫下中农！

继而想到，我总是以"电涉及的行业永不淘汰"为荣，由此而误以为这是一个很有潜力、值得大家学习、钻研的科目，现想想好片面，如今不由此论事了！电工行业，注定了辛苦、待遇不高，还将注定被革新、被淘汰！

我经常问学生："电工一上午都在学理论，有没有骂老师？有没有懊恼、后悔进电工班？"学生居然都笑了，我说："笑了的同学，不是骂了就是肠子都悔青了！"这时笑的学生更多了！于是，我马上问学生："上午，我们班的电视机犯了什么错？"学生说："它自己播放它这个品牌的广告、使用方法，而且还重复播放，都没法让它停下来！"我说："对呀，当电子设备、家用电器犯错误、罢工的时候，有谁去维修、维护？大家都觉得电工这个活是低端的、低贱的，没有多少家长会让孩子选择这个行业，但今天我们要告诉你，智能时代到来，现在看来是高端、炙热的工作有可能都被淘汰，如记者、银行职工、警察、医生、老师等，你们相信吗？"学生的眼睛睁得大大的，我马上告诉他们，2018年3月8日报道，人工智能助手 Alexa 有时甚至在没有被唤醒的情况下就发出笑声，有用户听到奇怪的、自发的笑声，他们误以为是真人在他们附近大笑，有人打开电视机想知道第二天的天气情况，结果电视机里发出诡异的笑声；有人开门进屋时、睡觉时熄灯时，这套系统都会从远方发出诡异的笑声，让人感到恐慌，许多人试图通过关闭 Alexa 设备来阻止这些喧闹的声音。这里没有迷信，只是这些设备发生故障了，那么，谁去修复呢？我的这些介绍，激起了极大的反响，学生热烈讨论着、猜想着，他们改变了对电工的看法，激发了他们学习电工的兴趣！

可是，普通的电工工作者基本处于底层，未来，从事这项工作的人也会越来越少！未来，我们去干什么？又能干什么？唯有不断进取、不断创新、不断学习新技术，才能使自己立于不败之地。

第三节 老师的心愿

我们这些当老师的，语文老师，就想把学生培养成文学家；数学老师，就想把学生培养成数学家；英语老师，就想把学生培养成外交家；物理老师，就想把学生培养成物理学家……所有老师，都有自己的心愿，我们为此努力着。可是，学生有自己的爱好、兴趣和理想。让我们一起了解学生，保护好他们的兴趣和理想，这样的教学，才有意义和价值。

一、各取所长

我小时候听过一则寓言故事："西邻有五子。一子朴，一子敏，一子盲，一子偻，一子跛。乃使朴者农，敏者贾，盲者卜，偻者绩，跛者纺，故五者皆不患饮食焉。"

这是说，古时候，一个家庭里有五个儿子。五个儿子不仅个性特征迥然不同，有的还有残疾。儿子们一个个都快要长大了，父母就得考虑他们学点什么生存所需要的技艺，将来好自力更生。

老大从小就憨厚朴实，能吃苦耐劳，父母就让他学种地，培养他当农民；老二从小就聪明伶俐，思维敏捷，精明能干，父母就让他学习经商，将来当个商人；老三是个盲人，父母就让他学习算卦，算卦不用眼睛；老四从小身体不好，是个驼背，父母就教他学织布，驼背不影响干活；老五是个腿瘸的残疾人，父母就让他学习纺线，腿脚不便，可以坐着干活。

在父母的培养教育之下，五个儿子都掌握了一门劳动技艺，学到了谋生的本领：老大当了农民，老二当了商人，老三成了算卦先生，老四在家织布，老五成为纺线能手。五个儿子都具备了独立生存的能力，过上了自食其力、衣食无忧的生活，父母终于放心了。

这家这么多儿子，大部分还有残疾，可够父母操心了。然而，父母非常务实，正视儿子们的现实，一点儿也不虚荣，没有跟别人攀比、赶时髦。而是根据社会生活的需要，因人而异，因人而宜，因材"择业"，因材施教，发挥儿子各自的长处，回避各自的短处，做到了扬长避短、化消极为积极。就这样，使五个具有不同特点和生理缺陷的儿子各得其所，都学会了适宜的技艺。

假如这家做父母的，不从儿子各自的实际情况出发，抱着一种虚荣心，盲目与别人攀比，看别人学什么，要孩子都去学什么；或者为了满足父母的"补偿心理"，强迫儿子去学习根本不适合或不想学的技能；或者盲目地按照同一个规格去培养、塑造，恐怕其中有的儿子就会因无一技之长而没有生存的能力。等做父母的到了老年，势必会有后顾之忧，至死也不会瞑目。

这个家庭的父母，为这五个儿子的发展方向和职业选择，完全是为儿子们的根本利益着想，没有一点儿"光宗耀祖""显耀门楣"，为家长增光添彩的思想。应当说，他们是无私的，是一心一意地为儿子们的将来着想，这是明智的，具有进步意义。作为老师，我们该醒悟了！

二、 未来，教师会不会淘汰

由国务院参事室公共政策研究中心和新华网思客共同主办的《参事讲堂》正式开讲，国务院参事、清华大学经济管理学院院长钱颖一以"创新人才教育"为主题发表了"人工智能将使中国教育优势荡然无存"的主旨演讲，此文推送在 2017 年 7 月 2 日《解放日报》所属专刊《解放周末》的微信平台上。①

不得不承认，人工智能已来到我们的生活，并正影响着我们的衣食住行，人们考虑的是大量的工人下岗失业，造成了社会的不安定，由此引发了对机器人利弊的考量，或许结果只有一个： 工人排斥、老板欢迎！人工智能未来还将影响到我们的教育，有智能机器人老师，在信息检索、信息量、技能的准确度等都胜于我们老师，我们的人类教师有没有被淘汰的一天？将来的教育教学还需要不需要我们老师？我也曾在电工电子教学中多次谈及机器人、智能化，如富士康年后使用机器人，一下子导致 6 万名工人下岗，想不到引发了初中学生的感慨，问我： 老师，我们将来去做什么工作，才不至于下岗、被淘汰？医生、老师，可行？可智能医生，已涉足医学界了，他们和人类的临床医生一

———————
① 钱颖一.人工智能将使中国教育优势荡然无存[N].解放日报,2017 - 07 - 02.

样，可以问诊、聊天、检查、测血压、血糖、抽血等，还能开处方。有个中医机器人还能把脉，他开出的中药居然胜于人类医生；外科智能机器人医生还能开刀做手术，特别在血管、心脏等精确度要求特高的领域很有前景。机器人医生还优于人类医生的是医疗数据的收集，他通过基本的算法，重新开发出一些对癌症、疑难杂症等的治疗办法。

如此看来，医生不但是辛苦的职业，更是高危职业。那么老师呢？会不会出现智能机器人老师？能不能代替我们老师？说到这问题，我想到了手表、收音机与播音员。

1982 年，我考入师范学校到上海学习，由于家里条件差，买不起手表，父母十分愧疚。而我进入学堂，好多同学都有手表，手表是一种隐形的象征，让我很失落和难为情。第二年，父母终于给我买了一块手表，让我满足和自信，感觉终于可以在同学们面前抬起头来了！可见，那年代一块表对我们的意识、价值有多重要。到了 21 世纪初，手机来到我们的生活，一时，人们纷纷脱下手腕上的表，因为手机代替了手表的功能。几点了，不再抬手看表，从口袋里、包里、腰带上取出手机看时间的动作成为了一种时尚。我也是其中之一，有了手机，把手表搁置起来，如果某人手上还戴块手表，给人感觉：土或者还买不起手机吧！可如今，手表又成了宠儿，只是品位变了，人们追求表的品牌、款式和珍藏价值！这表成了价值、品位的象征！照理说，这手机越来越轻、越来越智能，完全可以代替手表，可相反，手表没有淘汰，地位反而提升了！

其次，我要说的是收音机与播音员。 20 世纪 70 年代，谁家有台收音机，那是了不得的事，左邻右舍会聚集来，围着那小小的盒子，听戏、听新闻、侃侃大山，乐趣多多。到 20 世纪 80 年代，电视机进入家庭，那收音机也被搁置起来，甚至丢弃。我总想着，那头的播音员慢慢淡出了人们的生活，是否下岗了？或许他们艰难地生存着、坚持着！到了 21 世纪，汽车进入了家庭，特别是近十年，汽车不再是奢侈品，几乎家家都拥有了。人们行驶在路上，陪伴大家的是收音机，听到不喜欢处，随手换台。或许，有人也会钟情于某一频道、某一播音员。只是较之前，我们对电台推送的消息、歌曲、聊天等节目要求更高，而电台，也都在不断地推陈出新，迎合不同年龄段的司机们。

综上所述，我们似乎可以预见我们教师这行业，到底会不会被淘汰？或许有那么一天被社会、被家长、被学生抛弃，他们去寻求适合自己的智能机器人老师。我们可以坦然接受，不怨天尤人！或许到某一天，人们发现机器人教授的知识与技能绝不亚于老师，但他们的情感变得机械、死板，甚至没有人情味；他们的思维除了记忆，没有想象力和探索动力，人们自然而然地会想到我们活生生的、有血有肉的老师！而且，创新人才的教育不是单单靠知识的积累、简单地训练就能完成的，还有师生的情感交流和互动。那么，我们是否不要等到这一天，是否可以少走弯路，不再让我们的孩子做牺牲品、试验品，提前布局，将机器人老师与我们人类老师整合起来，精诚合作，共同教授我们的孩子呢？我相信，一定可以！

我们人类创造发明了智能机器人，定能驾驭于他们、胜于他们！

三、 下辈子，还做不做老师

不知道有没有下辈子，你我都不曾经历，也无从知晓！但人们言谈间，总以"下辈子"来做承诺！今生，有人做着自己喜欢的工作，愉悦每一天；有人做着心不甘情不愿的工作，痛苦一辈子；也有人做着普通的工作，平淡一辈子！但凡说起工作，可能真正因为喜欢而从事的人不是很多，每人都有自己一本难念的经！

那么，如果有下辈子，你还做老师吗？我还做老师吗？相信很多老师都无数次的问过别人也问过自己，因为老师这个职业，说着很崇高很伟大，但现实并不像大家歌颂的那样光鲜，那么至高，那么有底气！

互联网时代，让我们看到那些尽心尽责的老师屡遭家长、学生的投诉，有的为了生存，低下了头道歉赔钱，有的被开除公职伤心离开；有的为了证明自己不惜付出生命……老师，成了高危职业！一不留神，看到学生不遵守纪律批评几句时，你就有被投诉、被处罚、被开除的可能，站在讲台上，我们变成了木偶，只讲知识，不讲道德，不评对错，只教不育，我们的眼睛里要容得下一切。这，真的违背我们的职责和师德，为了保全自己，就要一忍再忍！如果逆行而施，就是"冒天下之大不韪"。呜呼，师者柔弱，生者强盛！

可是，当我走在路上，迎面走来一个陌生人，居然兴奋地唤道："张老师好！"原来是若干年前学过电工的学生。当我在课堂上，分发给学生材料时，时常有学生微笑着说："谢谢老师！"有一次，我剪导线，一不小心划破手，鲜血滴落时，学生们急切、关心地跑上来，帮我按住止血……让我深感做老师的幸福和快乐，感受着任何职业都替代不了的快乐！

所以，下辈子，我还想做老师！不管碰到什么阻力，我还会毫不犹豫地选择做老师，有苦有甜、有痛有乐、有泪水有欢笑，世上不会有这么充实的工作！与学生在一起，我永远是学生，永远与学生一起成长！

老师，是我无悔的选择！

四、 反思我们的教育

我们应该思考，是什么导致很多孩子心理承受能力差、自私、无责任心的？是不是家长？我们好多孩子生活得太优越了，他们不知道柴米油盐，不知道生活的艰辛，不知道父母工作的辛苦！可这不是孩子的问题，是父母从来不要孩子知道他们的艰辛；父母要孩子做到的，听话、读书，取得好成绩，永不犯错！我们好多父母要求孩子完美无缺、样样第一，可我们扪心自问，自己第一了吗？所以，父母和孩子变成了一对矛盾体，爱孩子，舍不得他吃苦，给他最好的；又恨孩子，恨他不成钢，恨他不完美。我们常听到一些匪夷所思的话题，"孩子，鸡蛋哪里来的呀？"孩子回："冰箱里的呀！""今天鸡蛋放你书包了，自己剥了吃！"傍晚问："为什么没吃鸡蛋？""因为太硬了，跟妈妈以前给的鸡蛋不一样！"孩子连鸡蛋壳都不会剥，且不在少数！我曾对班里的学生做过调查，自己盛饭的约占30%，吃了清理好碗筷的约占10%，问其原因，不是学生不肯干，家人不让干，他们只能过饭来张口、衣来伸手的日子。

这样的家庭不在少数，日积月累，导致孩子怕吃苦、不肯吃苦；怕累、不肯受累，加上经不起挫折和训斥。最后，我们的孩子就有了"怕苦怕累不怕死"的可怕心理！我想着那位母亲接下来的日日夜夜将受着煎熬，那拉不到、一跃而下的身影是她永远挥之不去的噩梦，魂断卢浦，心碎难补。我同情她，更痛惜那孩子！愿这样的悲剧不再发生！

五、 怎样的孩子才算优秀

怎样的孩子才算优秀？作为一名老师，一个母亲，第一次审时度势、反省自己！

我们老师通常把成绩优秀、听话懂事、乖巧有礼貌的孩子归为优秀一列，而把上课不遵守纪律、调皮捣蛋、成绩较差的学生归为不优秀。可是，好多年后，老师们会发现当年优秀的学生有可能不认可自己，反而那些时常遭自己批评的学生会感谢自己当年的教诲！当然，也有人会用"良心"两个字做定论。而今天，我忽然明白的是，我们评价优秀学生的标准太简单、太表面化了！学生优秀与否，还有深层次的表现，如在困难、挫折面前有无担当、是否勇敢，在班级管理中，是否勇于承担责任、是否热心、能否关爱同学、不自私自利。

作为一名老师兼母亲，以现在的价值观评判孩子是否优秀，当然是看他的工作好坏，在单位有没有得到领导的器重，是否有领导才干等！以 20 世纪 80 年代的价值观来评判现在，那是无法想象的。因为那时，如果孩子进了工厂，父母是可以引以为豪的！可如今孩子在工厂、企业工作，那绝对是低人一等的，除非孩子是董事、老板或高层白领！可是，孩子只要有一份体面的工作就是优秀吗？许许多多的真实案例告诉我们，孩子的优秀与工作无关！我想所有的父母都想有一个快乐幸福的家庭，所以，孩子是否孝顺、是否心疼父母的付出、是否理解父母的苦心才应是衡量优秀的标准。古语言："子不嫌母丑"，孩子不嫌弃父母的平庸、贫穷，不羡慕别人父母的权势、财富才是优秀的孩子！

相信大家都知道违法乱纪的严夫人李向阳、保时捷女李月，或许在没有东窗事发前，她俩一度在人们的眼里很优秀、很了不起、很成功，要钱有钱、要权有权。可是，她们逾越了道德底线、横行霸道、肆意妄为，想要老师道歉就道歉、下岗就下岗，闯了红灯、压了禁止线可以消单。其实，她俩开着豪车、穿着名牌衣、挎着名牌包、画着精致的妆，这没有过错，与普通人也没有多大关系，只要她们的素质配得上这么多的名牌！可她们嚣张跋扈、无视法律规则，亲自演绎了一场惊心动魄的全民讨伐战，更是从虚伪的、虚假的优秀跌落到身败名裂！如今，社会上的好多事诠释着"胜者为王，败者为寇"的思想，那些不择手段获取胜利的人成了优秀的人，大家看得懂、学得会。所以，什么是优秀，已不是老师、家长说了算，而是社会风气说了算，我们还能用传统的标准去评判学生、孩子是否优秀吗？

大家都想成为那个优秀的人，可优秀的标准是什么？怎么衡量优秀，学生很迷茫，家长很迷茫，社会也很迷茫！但愿，中考、高考的竞争不湮灭学生心底的那份纯真和善良，好工作、高收入的荣耀不消散孩子心底那份孝顺和感恩！

虽然，我们的学生、孩子可能成不了钱学森、屠呦呦这样优秀的科学家，但只要他们善良可亲、善解人意、感恩独立、勇于担当、关爱他人、不抱怨、不埋怨，那就是优秀的人！

我的劳技课堂，就想致力于培养这样的学生！

六、 老师的心愿

我常调侃我们这些当老师的，自己是数学老师，就想把学生培养成数学家，自己是英语老师，就想把学生培养成外交家。而我，是语文老师时，就想把每一个学生培养成文学家，为了写好一篇作文，我带着他们去田野，摘棉花拾稻穗；下沟渠，捉小鱼翻泥鳅。为了提高他们的朗读能力，我会绘声绘色地范读课文，不厌其烦地聆听朗读，一个不漏地到我这背诵经典课文。

后来，我做了劳技布艺老师，就希望学生将来能成为皮尔卡丹；做了电工教师后，我就希望每个学生将来都能成为像富兰克林、爱迪生、法拉第、约翰·巴丁、威廉·萧克利、华特·豪舍·布拉顿等一样，在电学中做出卓越贡献的科学家。为了让他们对电工有兴趣，瞧得上电工，我将涉及的每一项技术、每一个元件查个兜底翻天，告诉学生这是谁发明的，谁又得了诺贝尔物理学奖；为了让他们有不一样的思维、不一样的答案、不一样的设计，我几乎把每一个技能的操作都要问个"为什么？还可以怎样做？"为了让他们有一双肯干、爱劳动的手，我常引用"剥蛋壳"的故事，让他们对一个连蛋壳都不会剥的学生感到不耻，并引以为戒。学生学电工，先苦后甜，我教电工，先累后乐，让电工课堂充满人文、技术的气息，让枯燥的知识灵动起来，让教条的技能诗意起来!

我一直反思，我们劳技教师与师傅的区别，我想在于我们会毫不保留、百分之百地教给学生知识，还有就是我们的理念：提高学生解决问题的能力，引导学生对技术提出质疑和变革。

后记

　　作为一名专职劳技教师，我深切地感受到我们的学生对劳动很漠视，不会劳动，不爱劳动，部分学生还厌恶劳动，导致他们的动手能力很弱。怎样破解这种局面？怎样把劳技课上得有吸引力、感染力，触动学生的心灵，激发他们动手劳动、操作实践的欲望？从而喜欢上劳技课，并深层激发他们的创新思维。我的教学主张是打造"磁性课堂"，让课堂充满趣味，牢牢地吸引住学生。为了打造"磁性课堂"，我选择充电学习，让自己有"真东西"，还能把"真东西"教给学生。我构建学生为主体教师为主导的关系，灵活运用教学方法，善于整合课程资源，教学环节引入有悬念、知识有新意、技能有一定难度、探究有深度、拓展有广度，让课堂充满智慧、趣味、新奇和生活化！

　　我始终坚持研读课程建设和教育教学理论方面的书籍，领悟二期课改精神。学习，改变了我的教学理念；实践，提升了我的教学能力；研究，确立了我的教学特色。在教学实践中，我领会了不同的课型，目标的设定与教学方法、学习方式也不同。从而，改变了从注重讲授模仿到关注合作，再到重视探究、知识技能建构的变革，并根据学情设定目标，在教学中运用多元化评价，让每个学生在自己已有的基础上，获得学习的成功。我以创设情境为导向，发展学生个性为目标，努力与课改同成长，初步形成了"分层、合作、探究、建构"的劳技教学特色。我把对劳技教学改革的所思、所想融入教学、课改工作中，及时总结，将自己的教学经验、理念、碰到和解决的问题撰写成一篇篇文章，科研提升了我的教学能力，更开拓了我的视野。

　　"二期课改"以来，我有幸参加了上海市教育科学研究院杨四耕教授的"课程领导共同体"课题研究，感谢"品质课程"公众号搭建的学习平台，让我对课程开发、建设和实施有了新的感悟和解读。本书得到杨四耕教授的倾力指导，他对所有文章进行了梳理、整合，列出章节标题，多次提出修改意见和建议；感谢吴强教授的大力支持，在百忙中为我写序。在此，对两位教授表示深深的感谢！

在五育并举的今天，我将立德树人放在首位，继续打造磁性课堂，把培育学生的"工匠精神、创新思维"作为上好每一堂的目标。让我们携起手来，努力构建充满生命活力的课堂，为学生的未来发展奠定基础。

本书，肯定还存在许多不足之处，敬请各位读者提出宝贵意见！谢谢！

张红妹

2020.11.26

学校整体课程规划的七个关键	978 - 7 - 5760 - 0424 - 3	62.00	2021 年 3 月
课堂教学的 30 个微技术	978 - 7 - 5760 - 1043 - 5	52.00	2020 年 12 月
教学诠释学	978 - 7 - 5760 - 0394 - 9	42.00	2020 年 9 月
原点教学：提升区域育人质量的策略研究			
	978 - 7 - 5760 - 0212 - 6	56.00	2020 年 8 月

学校课程发展精品丛书

学科课程群与全经验学习	978 - 7 - 5760 - 0583 - 7	48.00	2021 年 1 月
育人目标与课程逻辑	978 - 7 - 5760 - 0640 - 7	52.00	2021 年 2 月
学科课程与深度学习	978 - 7 - 5760 - 0505 - 9	52.00	2021 年 2 月
学校课程的文化表情：百花园课程的学科指向与深度实施			
	978 - 7 - 5760 - 0677 - 3	38.00	2021 年 2 月
学校文化与课程变革	978 - 7 - 5760 - 0544 - 8	62.00	2021 年 2 月
语文天生重要：语文学科课程群设计			
	978 - 7 - 5760 - 0655 - 1	44.00	2021 年 2 月
五育并举的课程体系：致良知课程的旨趣与探索			
	978 - 7 - 5760 - 0692 - 6	48.00	2021 年 1 月
学科课程与育人质量	978 - 7 - 5760 - 0654 - 4	48.00	2021 年 1 月
在地文化与课程图谱	978 - 7 - 5760 - 0718 - 3	46.00	2021 年 2 月
中观课程设计与学科课程发展	978 - 7 - 5760 - 0624 - 7	36.00	2021 年 1 月
大教学：英语学科核心素养培育的课程模式			
	978 - 7 - 5760 - 0462 - 5	46.00	2021 年 1 月

特色学校聚焦丛书

不一样的生命，一样的精彩	978 - 7 - 5675 - 8675 - 8	34.00	2019 年 3 月

童味正醇:特色学校的文化图谱	978 - 7 - 5675 - 8944 - 5	39.00	2019 年 8 月
特色普通高中课程建设探索	978 - 7 - 5675 - 9574 - 3	34.00	2019 年 10 月
儿童是天生的探索者:360°科学启蒙教育			
	978 - 7 - 5675 - 9273 - 5	36.00	2020 年 2 月
做精神灿烂的教师:教师自我成长的 5 个密码			
	978 - 7 - 5760 - 0367 - 3	34.00	2020 年 7 月
让教育温暖而芬芳	978 - 7 - 5760 - 0537 - 0	36.00	2020 年 9 月
快乐教育与内涵生长	978 - 7 - 5760 - 0517 - 2	46.00	2020 年 12 月
故事教育与儿童发展	978 - 7 - 5760 - 0671 - 1	39.00	2021 年 1 月
美好教育:学校内涵发展的循证研究			
	978 - 7 - 5760 - 0866 - 1	34.00	2021 年 3 月
把美好种进儿童心田	978 - 7 - 5760 - 0535 - 6	36.00	2021 年 3 月

跨学科课程丛书

大情境课程:主题设计与创意评价			
	978 - 7 - 5760 - 0210 - 2	44.00	2020 年 5 月
社会参与素养的培育模型与干预机制			
	978 - 7 - 5760 - 0211 - 9	36.00	2020 年 5 月
大概念课程:幼儿园特色主题活动设计			
	978 - 7 - 5760 - 0656 - 8	52.00	2020 年 8 月
项目学习:进入学科的课程智慧	978 - 7 - 5760 - 0578 - 3	38.00	2021 年 4 月

核心素养导向的课堂教学丛书

漾着诗性智慧的课堂教学	978 - 7 - 5675 - 9308 - 4	39.00	2019 年 7 月

转识成智的课堂教学：核心素养导向的历史教学

                                 978 - 7 - 5760 - 0164 - 8   40.00   2020 年 5 月

学导式教学：学会学习的教学范式

                                 978 - 7 - 5760 - 0278 - 2   42.00   2020 年 7 月

高阶思维教学的关键技术   978 - 7 - 5760 - 0526 - 4   42.00   2021 年 1 月

会呼吸的语文课：有氧语文的旨趣与实践

                                 978 - 7 - 5760 - 1312 - 2   42.00   2021 年 5 月

高阶思维教学的核心指向   978 - 7 - 5760 - 1518 - 8   38.00   2021 年 7 月

磁性课堂：劳动技术课就这样上   978 - 7 - 5760 - 1528 - 7   42.00   2021 年 7 月

特色课程建设丛书

教师，生长的课程   978 - 7 - 5760 - 0609 - 4   34.00   2020 年 12 月

学校课程发展的实践范式   978 - 7 - 5760 - 0717 - 6   46.00   2020 年 12 月

丰富学习经历：如歌式课程的愿景与深度

                                 978 - 7 - 5760 - 0785 - 5   42.00   2020 年 12 月

学科课程群设计方法   978 - 7 - 5760 - 0579 - 0   44.00   2021 年 3 月

学校美育课程的立体建构：菁华园课程的逻辑与框架

                                 978 - 7 - 5760 - 0610 - 0   36.00   2021 年 3 月

关键学习素养与学科课程设计   978 - 7 - 5760 - 1208 - 8   34.00   2021 年 4 月

学校课程设计：愿景建构与深度实施

                                 978 - 7 - 5760 - 1429 - 7   52.00   2021 年 4 月

生长性课程：看见儿童生长的力量   978 - 7 - 5760 - 1430 - 3   52.00   2021 年 4 月

"慧阅读"课程：儿童视角   978 - 7 - 5760 - 1608 - 6   42.00   2021 年 6 月

诗意栖居的课程愿景：智慧岛课程的逻辑与深度

                                 978 - 7 - 5760 - 1431 - 0   44.00   2021 年 7 月